大島てるが案内人

事故物件めぐりをしてきました

菅野久美子

彩図社

まえがき

インターネットで「事故物件」と打ち込むと、トップに表示されるのは「大島てる：事故物件公示サイト」だ。これはグーグルでもヤフーでも一緒。とにかく「事故物件」と言えば「大島てる」の名前はセットで、もはや代名詞のようなものになっている。

今年1月30日に公開された竹内結子主演のホラー映画『残穢《ざんえ》―住んではいけない部屋―』とのタイアップ企画では、ウェブ上でできる「大島てる監修　穢《けが》れ診断」をスタートさせ、さらには大島てる本人がタキシード姿で登場する新予告映像が披露されるなど、これまで大島てるを知らなかった多くの人たちにも、ミステリアスで印象的な「事故物件の案内人」として記憶されたばかりだ。

この本の企画は、そんな話題の人、大島てると事故物件を巡ったらどんなことになるのだろう……という個人的な興味から始まった。

実際の事故物件って一体どんな感じなのだろうか？

大島さんの元にはひっきりなしに日本全国の事故物件の最新情報が届く。

　そのおかげで、私は死体発見翌日の事故物件のフロアに充満する生々しい死臭を嗅いだり、ドアや通風孔などの隙間を徹底的に目張りされた物件などを間近で観察することができた。なので本書では、自殺や孤独死などがあった様々な事故物件に実際に足を運ぶなどして、取材したてほやほやの事故物件の詳細について包み隠さずリポートしている。警察関係者に死体搬送を含めた事故物件の実像を語ってもらうというのはあまりなかったのではないだろうか。

　さらに、編集者の友人から実際に事故物件に住んでいた人を紹介してもらったり、私自身が建売住宅の内覧で協定道路が事故物件の物件に遭遇したことなど、編集者や私の友人など色々な人の協力から得た驚きのエピソードが満載となっている。

　また、事故物件とは切っても切れない関係にある不動産業者に、事故物件にまつわる恐るべき体験をこっそりと語ってもらってもいる。

　第1章の事故物件の0円マンションを持つ工務店経営の20代大家の会の薩摩さん、第3章のアウトレット不動産オージャスの白石さんは、大島さんから紹介いただき、最新動向をはじめ事故物件の今を浮き彫りにすることができた。大島てるは「不動産屋の敵」というイメージがあるが、現在、事故物件は不動産投資の対象として注目を集めており、むしろビジネスという面から見直されているのだ。

とはいえ、世の中の実態は、いまだ大家の隠蔽などによって、仲介業者や管理会社でさえも、事故物件であることを知らないケースもあるのが現状である。

大島さんには、この機会に事故物件を見抜く方法を提示してもらった。それは本書中に書かれているのでぜひとも参考にしていただきたい。

ではでは、前置きはこの辺にして、ようこそ「事故物件」の世界へ！

大島てるが案内人
事故物件めぐりをしてきました

目次

第2章　事故物件の基礎知識

第3章　事故物件関係者リアルインタビュー

第1章　実録　事故物件めぐり

【徹底目張り物件】
死体発見翌日の事故物件に行ってきた！

そもそも私が事故物件公示サイトの代表、大島てるさんと知り合ったきっかけは都内で定期的に開催されているとある事故物件のイベントの取材だった。たまたまそのイベントを週刊誌のニュースサイトの記事にしたことが縁で、大島さんとはその後頻繁にやり取りをするようになったのである。

事故物件をテーマに一緒に本を出しませんかという私の申し出に対して、大島さんは、「とりあえず事故物件の死臭を嗅ぎにいってみてはどうでしょうか」という、なんとも恐るべき提案をしてきたのだった。

【ご興味があればですが、この物件は恐らく死臭がひどくて発見されたものと思います】

Facebook のメッセージには、そんな文面とともに住所が書かれてあった。それは江東区の都営アパートだった。

大島てるのサイトには、殺人や自殺、孤独死など様々な死にまつわる物件の投稿が毎日のように投稿される。一般人によるいわゆる、事故物件のタレコミだ。さすが事故物件公示サイトの代表なだけあって、大島さんは情報にかなり自信を持っているのが伝わってきた。

うーん、やっぱり噂どおりのスゴイ人だ……。

大島さんは、決して私にその物件の臭いを嗅ぎに行けと命令しているわけではない。これはあくまでも提案である。しかし、ドシーンと肩に何かがのしかかってくるような気がした。人が死んだ後の臭いを積極的に嗅ぎに行きたいわけではないが、正直、一体どんなものなのか興味がないわけではなかった。けれども、今の季節は夏真っ盛り……。嫌な予感がした。人の体が、どんどん腐り果て、蛆にまみれていく。そして、フロア一面に広がる腐臭。

とはいえ、これは全てホラー映画の中のイメージの世界で、人間の死体が一体どんな臭いを放つかなんて、全然想像もつかなかった。だけど、良い臭いでないことは確かだろう（そりゃそうだ）。

しかも、大島さんは死臭が部屋の外にまで充満していると確信しているらしい。そもそも、部屋だけでなく、フロア一面に臭うほどの死臭とは一体どんなものなのだろう。しかし、本を執筆するうえで事故物件の惨状を体感することには意味があるだろう。

私は、少し考えた後大島さんに返信した。

【物件の臭いは、今もわかりますか？】

すると大島さんから次のようなメッセージが次々と届いた。

【今日物件で死体が発見されたので、少なくとも数日は外廊下に充満しているはずです】

【ただし、物件の室内に入れるわけではありません。でも、室内に入らなくても、わかるくらいの相当な臭いがするはずです。それで周囲の住民にわかって発見されたのですから。ただし、すでに掃除が完了して消臭済になっている可能性もあります】

【逆に、何らかの臭いがキツい場合の話ですが……まず、管理会社は強烈な芳香剤でごまかそうとすることがあります。それから、何しろ住人が亡くなっていたのですから、食べ物が腐っていたり生ゴミが放置されていたりもします。つまり、強烈な臭いがしても、それらが死臭とは限らないということです】

大島さんによると、物件の室内に入れるわけではないが、死体発見翌日の物件は周囲が通報するほどの臭いが辺りに充満している可能性が高い。そしてたとえ、物件周辺で何らかの臭いがしてもそれを全て死臭だと早合点してはいけないということらしい。

なーるほど。私はすぐに返信した。

【わかりました。明日行ってみます】

翌日、大島さんからの情報をもとに都営アパートに足を運ぶこととなった。

その夜は死臭のことをあれこれ考えて、昔飼っていたウサギの糞尿の臭いや、数ヶ月放置していた電気釜の中で腐って緑色になったご飯の臭い等々……過去の異臭コレクションを参照しているうちに寝入ってしまった。

大島さんが教えてくれた問題の都営アパートは、江東区にある地下鉄の某駅から徒歩15分のところにあった。駅に降り立つなり、いくつもの高級タワーマンションがそびえ立っているのが目についた。さらに、駅前には巨大な大型ショッピングモールがあり、その中には、ドラッグストアやレストラン、ブティック、100円ショップなどが入っている。その周囲にはこじゃれたカフェがポツリポツリとある。

時間は平日の昼過ぎとあって、ベビーカーを引いた母親など子ども連れのファミリーが多い。のどかな郊外の駅といった雰囲気だ。これから遅い昼食に向かうスーツ姿の会社員も見られる。どこにでもある何の変哲もない午後の風景。この先に、死臭のする事故物件があるとはとても信じられない。

大島さんの住所を頼りにしばらく歩くと、うだるような暑さのせいで、汗が滝のように溢れてきた。綿のシャツがすでに汗でベトベトになっている。それでも、スマホの地図を頼りに足を進めていくと、賑やかなのは駅前だけということに気付いた。

5分も歩くと、人気がなくなり運河が迫ってきた。運河を越えると街の様相がガラリと変わることに驚く。いくつかの角を曲がり、傾斜を抜けると、全体的に灰色がかった古びた団地群が近づいてきた。目の前にはやや広めの公園があるが、そこには子どもは1人もいない。駅前と違って、あまりに静寂なので、どこか不気味な感じがする。まるでここだけ忘れ去られたかのような場所。

棟の番号を見ると、築30年はくだらなさそうな都営アパートが大島さんの送ってきた住所と合致するということがわかった。ドアの間隔からして、おそらくワンルームか、1Kの間取りだろう。金属製の古びた重いドアがズラリと並んでいて、それぞれのドアの横にはインターホンがついている。そして、トイレか浴室に面する小さな窓が、目線の高さに申し訳程度についている。一昔前に地元でよく目にしていた公営住宅の、あの懐かしい感じのする画一的で無機質な造りだ。

本当にここに事故物件があるのだろうか?

そう思ってマジマジと外から見ていると、すぐに該当の部屋が判明した。しかし、死臭が漂ってきたからではない。ドアや窓、通気孔などに緑色のビニールテープで目張りがしてある部屋があったのだ。つまり、部屋の内部に通じる開口部はもちろん、あらゆる〝すき間〟を塞いで臭いが漏れないように完全密閉していたのである。ポストにまで緑色のビニールテープが幾重にも重ねられているという厳重ぶりに思わず息を呑む。

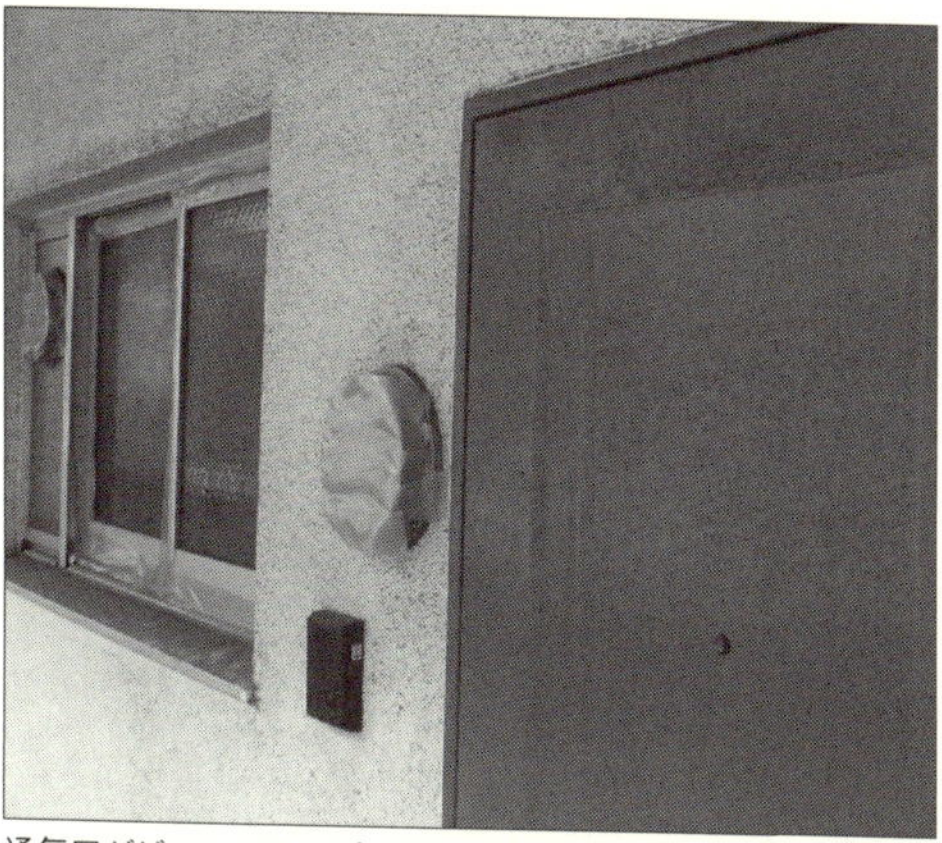
通気口がビニールテープでふさがれている

中の臭いが漏れないよう窓には厳重にテープが貼られていた

ここまで執拗な目張りがしてあるということは、中はどのような惨状だったのだろうか……ついつい想像してしまう。おそらく、死臭を感じた近所の住人からの訴えがあり、すぐに清掃業者が入って電光石火の早業で清掃を終えたのだろう。物件からは特別な臭いは感じられないが、かすかに、ツンとした消毒剤の臭いがする気がした。残念ながら死臭を嗅ぐことはできなかったが、目張りだらけの事故物件はそれはそれで異様な光景だった。

しかし、それよりも、もっと驚いたことがあった。

その日の最高気温が35度を超えていたにも関わらず、そこに並ぶほとんどのフロアが、玄関のドアを半開きにしていたことである。つまり中の住人たちのほとんどは、エアコンをつけずにこの猛暑を乗り切ろうとしているのだった。そして、そのうちの一軒の部屋からはかすかにカップラーメンの匂いがした。

毎日のように猛暑が続き、熱中症に対する行政の注意喚起や、ニュースが繰り返し流れている。私の住む町でも、連日、熱中症の注意喚起を促す放送が流れている。けれども、ここでは、エアコンを設置して電気代を支払う余裕のない人たちが多く、扇風機か団扇でも使っているのだろう。

団地からの帰り道、どうしても駅近のタワーマンションに目がいってしまう私がいた。

目張りがされていたアパートにかつて住んでいた住人が駅までの道中で何度も目にしたであろうこのタワーマンションの下で、某ブランド店の大きな袋をいくつもぶら下げた親子が楽しそうに笑っている。

その一方で、ここから、目と鼻の先の場所で苛酷な環境の中この夏を乗り切ろうとしている人たちがいる。「格差社会」「すべり台社会」という言葉が一瞬頭をよぎるが、事故物件に触れなければ一生知らなかったであろう、「別世界」を生きる名もない人たちがそこにはいたのだった。

【死臭充満&ハエ飛び回り物件】

真夏の死体発見翌日の事故物件に行ってきた！

私は、都営アパートが空振りだったことを大島さんに伝えた。正確には空振りではない。さっき述べたように、私にとって目張りされた物件はそれはそれで大きな意味があった。大島さんには、素直に感謝の意を伝えたものの、本人としては不本意だったようだ。

【死体発見の翌日であるにも関わらず、一切臭いがしなかったことに私としては驚きました】

それからわずか数日ののち再び大島さんから死臭が嗅げる物件の情報が入った。

【葛飾区の方で今度こそ死臭が感じられそうな現場があるのですが、どうしましょう?】

大島さんによると葛飾区からタイミングよく死体が発見された事故物件の投稿が2件あったらしい。大島さんは私にまた新たな事故物件の住所を送ってきた。

前回の物件では、目張りに大きなインパクトはあったが、当初の目的であるいわゆる死臭を嗅ぐことはできなかった。今回の物件は〝今度こそ臭いそう〟だと大島さんは自信ありげだ。私としては、前回の物件で割とお腹いっぱいだったが、やはり死臭は体感しておきたいという思いがムクムクと湧き起こってきた。

【よろしくお願いします。とりあえず明日昼過ぎに2件回ってみます】と返信した。

どうやら1件はURのマンション、もう1件は民間のアパートらしい。私は、URのほうから、回ってみることにした。

残暑厳しい、9月某日。葛飾区の私鉄の某駅に降り立った。駅を降りると、そこはさびれたコンビニが一軒あるだけ。閑散とした大きな幹線道路が通る道を住所を頼りにてくてく歩いていく。そのうち大量の汗が背中を流れて下着がベトベトになった。15分ほど経過すると、なぜタクシーで行かなかったのかと後悔し始める。するとようやく巨大な白の建物が近づいてきた。

〝あのマンションだ！〟

マンションのすぐ近くには、小さなスーパーがあり、飲食店などのテナントが数件入っているのがわかる。地番が一致したところで、該当のフロアを探し出す。

エレベーターでそのフロアに降り立つなり、そこは、ウッと咳き込みそうな臭いが一面に立ち込めていた。生暖かい風に乗ってやってくる、へんに甘ったるくて生っぽいなんともいえない臭い。これまでの人生で一度も経験したことのない臭いだった。発酵した糞尿で満タンのバキュームカーのような鼻が潰れそうな不快なにおいではない。動物などの死骸の獣っぽい腐敗臭と糖尿病の人の甘酸っぱい体臭を足して2で割ったような感じである。なので、どこかなじみのあるような、少し懐かしさすら覚えてしまうのだ。

そんな臭いが夏のうだるような熱気に混じってふわりふわりとあたりに漂っている。熱気と臭気は不思議に入り混じり、混濁した何ものかを作り出しているようだ。

〝これが人の死臭なんだ！〟

私は、一瞬で理解した。該当の部屋の前をふと見ると、体長1センチほどの大きなハエが所在なさげにプウーンと飛び回っているのが見えた。ハエは、まるでこの部屋から追い出されて、その中に戻りたがっているかのように、上部の窓に張り付いたり、飛び回ったりを繰り返している。しかし、これだけ大きくなってしまうと、ハエが室内に戻れる隙間はどこにもなさそうだ……。

主人を失った犬のように、ハエはその後も部屋の周りをウロウロしていた。該当の部屋の窓やドアは当然のごとく締め切られていたが、この部屋が死臭の発生源なのは明らかだった。しかし、前回の都営住宅と違い、換気扇や窓ガラスなどに目張りなどしている形跡は一切見当たらない。昨日発見した遺体を運び出しただけで掃除はまだなのだろう。風が一瞬強く吹くと、臭いは一瞬その強さを数倍にも広め、忙しい小動物のようにフロア中を駆け巡っていく。しかし、また風がよどむと、その場に落ち込むように滞留する。この状況だと、隣の部屋にも明らかに臭いは侵入しているだろう。

死臭を間違いなく体感できたが、グッタリと疲れた。帰り道、電車に乗っていると、あのURのマンションで嗅いだ臭いと全く同じ臭いがどこからか漂っている気がした。それはマンションに近いバス停で待っているときから気になっていたことだった。そのときは、風向きのせいでマンションから臭いが流れてきているのだと思っていたが……。

〝もしかして、死臭が服に付いたのかもしれない〟

その臭いも都心に戻るとすぐに消えてしまったが、あそこから拾ってきたかもしれない臭いがどうしても気になって、私は家に帰るなり服を全て脱いで洗濯機に投げ入れた。そして、ふと、事故物件の取材を始めたことを知っている旧知のカメラマンに冗談半分で、

「菅野さん、霊をつれてこないように気をつけてくださいね」

そう言われていたのを思い出した。しかし、家に戻ってきて、一番ダメージを受けたのは、あの一生忘れないであろう死臭だった。

【事故物件でインタビュー】
自殺のあった事故物件におじゃましてきた！

事故物件に住むという体を張った体験記を執筆したルポライターの森史之助さんという人がいる。森さんは、東日本大震災のあった2011年にURの事故物件に入居した。前の住人が自殺で亡くなった事故物件だった。

その一部始終について『事故物件に住んでみた！』（彩図社）という本にまとめた森さんだが、本の出版から4年経った今、果たして森さんは事故物件に住み続けているのか。私は、編集者を経由して、森さんに連絡を取ってみることにした。

森さんとは、当時の担当編集者を通じて、すぐに連絡がついた。いくつか森さんとメールのやり取りをしているうちに、わかったことがある。森さんは、当時住んでいたURの事故物件に今現在も住み続けているということ、そして、現在はうつ病と糖尿病を患い、福祉のお世話になっているということだ。私の中で一抹の不安がよぎった。

もしかして、森さんの体調が悪いのは、事故物件に今も住んでいるからなのだろうか？　もしそうだとしたら、なぜ森さんは今も事故物件に住んでいるのだろうか？

森さんに直接話を聞いてみたい。そう思った私は早速森さんに一度会っていただけないかとメールで打診してみた。結果、森さんは、次のような文面を送ってきた。

【「仙人」のような生活をしているので、時間を作ることは容易です。先住者が自殺した拙宅においでになりますか？（狭くて汚いワンルームですが）】

森さんはかつて自殺のあった自宅（事故物件）に招待してくれるという。事故物件が見られるまたとない機会に小躍りしたい気分だった。しかし、森さんの体調と事故物件の関連について、やはりどこか引っかかる思いがあるのも確かだ。私は色々な疑問を解消すべく、森さんが今もなお住み続けている横浜市のＵＲ都市機構の団地に伺うことにした。

森さんが指定した町田市内の私鉄沿線の某駅。近くに大学があるということもあって、とても賑やかで活気がある。大学があること以外は、緑が多く落ち着いたいたって普通のベッドタウンといった雰囲気だ。ここから、森さんの住んでいる団地までは徒歩では距離があるし、ワンメーターで着くらしいので、駅からはタクシーを利用することにした。

車内から少しずつ姿を現した団地は、うねるような傾斜の坂を抜けた、その頂点にそびえ立っていた。まるでそこだけ世間と隔絶したかのような、UR都市機構の団地群。その数、18棟、合計1600戸。

平日の昼過ぎという中途半端な時間のせいか、団地の周りは、不気味なほど人の気配が無い。薄黄色に塗装された団地は、1970年代に開発されたとのことだったが、それにしては小奇麗で頑丈なイメージを受けた。

広大な土地に広がる団地群の威圧感に圧倒されながらも、森さんに指定された棟を探し出し、エレベーターに乗る。目指すは、8階だ。ふと目をやると、団地の1階の掲示板には【カラスの餌やり禁止】との張り紙が貼ってある。鳩に餌をやるのはよく聞く話だが、この団地には、どうやらカラスに餌をやる住人がいるらしい……。いぶかしげな気持ちでいると、あっという間に8階に着いてしまった。

8階に降り立つと、共用廊下から見えたのはジオラマのような町田市の市街地だった。高台の高層階とあって眺望の良さはピカイチだ。昔の団地の作りでは当たり前なのか、安全柵もなく、手すりの高さからも容易に身を乗り出せてしまうので、思わずその高さに怖気づいてしまう。指定の号数の部屋まで歩いていき、インターホンを鳴らす。

「ピンポーン」

「どうぞどうぞ、上がってください」

出迎えてくれた森さんは、長髪でやや大柄の愛想の良さそうな男性だった。その話しぶりは気さくで、一見精神に病を患っている人には感じられなかったのでホッとする。風邪を引いているらしく、マスク姿で表情は見えづらいが人の良さは十分に伝わってきた。

しかし、今気になるのは森さんの後ろの部屋だ。靴を脱いで、部屋に上がらせていただくと、やや大きめのワンルームが広がっていた。

玄関の前には、洗濯機置き場があり、その左手にはどこにでもありそうないたって普通のシステムキッチンが備え付けられている。そして、キッチンと洗濯機の間を抜けると、そこは長方形のフローリングの居室がある。フローリングはキレイに掃除されていて、部屋の印象から言っても全体的にそこまで古さは感じられない。

35平米の居室にある南向きの大きな窓からは光が射し、とても開放感のある作りになっている。1人で暮らすには十分な広さだ。森さんの職業がルポライターということもあり、居室のいたるところに本棚が置いてある。単身の男性にしては割と小奇麗な部屋だと思う。この部屋だけを見ると、事故物件であることさえ忘れてしまいそうだ。しかし、ここはれっきとした事故物件である。

森さんの本によると、先住者の自殺があった場所は浴室。亡くなったのは、50代の男性だと書かれていた。どのように亡くなったのかまではURは教えてくれなかったという。

森さんは、部屋に招き入れるなり、落ち着かない様子の私を察したらしい。「自殺のあった浴室、ご覧になってください。中年男の独身の住まいだし、ちゃんと掃除をしてないから恥ずかしいですけど」と言って、早速自殺のあった浴室を案内してくれた。

玄関のドアのすぐ右手にその浴室はあった。トイレと浴室が一緒になっている部屋だが、今のワンルームのユニットバスのような窮屈な感じはしない。お風呂は今の時代には少し珍しいバランス釜というかの旧式。それ以外は、いたって普通の小奇麗な浴室だ。トイレは、ドア側に面しており、窓が取り付けられている。浴室全体の採光が確保されているということもあって重苦しい感じは全くしない。

しかし、ただ一点気になったことがあった。

この浴室ですぐに目がついたのは、浴槽の上部にあるむき出しの配管の存在である。直径20センチはありそうな太い配管が人の背の少し上ぐらいの天井付近を通っているのだ。浴室にあるにはあまりに場違いな感じのする太い配管は、異様で何かを訴えかけているような気さえした。

森さんは本の中で、浴室を見た瞬間に、「これは首つりだな」と直感したと書いているが、私もこの浴室を見てすぐに同じことを思った。天井近くの配管のインパクトが

自殺のあった浴室

この配管で首つりをしたのだろうか……

あまりに強すぎてその方法以外は思いつかなくなるのだ。

ＵＲの特別募集住宅では、「特別補修」として必要に応じて便器や浴槽、洗面台を取り替える方針のようだと森さんは本に書いている。しかし、この浴室は、その特別補修をどこも行っていない。そのため、前の入居者は、少なくとも浴槽で亡くなったわけではないと考えられるらしい。

「この部屋は、洗面台も浴室も換えていないんですよ。換えてないということは、そこは直接前の入居者の死に関わっていないんじゃないかという気がするんです。あの配管に紐をくくって亡くなったのだとしたら、血のりとかはギリギリで浴槽に落ちてないはずなんです。ドアのノブに紐を掛けたのかもしれないし、可能性は薄いと思いますが、溺死かもしれない。結局、前の入居者の死因はわからないんですけどね」

日中ということもあって、浴室は明るく、おぞましい気配はなかった。そして、もともと霊感はない私だが、霊的な存在も感じることはなかった。ただ、あの配管に首を吊って亡くなった先住者を思うと、なんだかいたたまれない気分になったのは確かだ。あの太い配管を来る日も来る日も、毎日のように見て、ある日ついに死を決意したのであろう50代の男性……。それは、どんな思いだったのか。そんな先住者の立場になってついつい思いを巡らしてしまう。そして、そんな事故物件に今もなお住み続けている森さんはどんな心境なのだろう。

森さんは、浴室を案内し終えると居室に戻って私に、冷蔵庫の中からペットボトルの冷たいお茶を出してくれた。そして少しずつ事故物件に住むことになった経緯について話し始めた。

森さんが、そもそも事故物件に住もうと思ったのは、当時住んでいた賃貸住宅が取り壊しの憂き目に遭ったからだった。前の住居も現在と同じURで、契約の期間が予め決まっている定期借家契約だった。そのため家賃は、月額3万5000円という破格の安さだった。

しかし、そのツケは2年後にやってくることになる。取り壊しが決まっているため、契約が終了すれば、否が応でも部屋を明け渡して、出て行かなければならないのだ。そして、その期日は刻一刻と迫っていた。しかし、収入が安定しないフリーライターの森さんは、家賃を払うのさえ苦労していたほどで、当然ながら引越しの費用もなかった。ほとほと困り果てた森さんは、友人に片っ端に相談することにした。

すると、ある友人から、意外な言葉が飛び出した。

「ワケあり物件を探すとかさ。部屋で死人が出ているとか……」

冗談半分で返ってきた、友人からのアドバイス。しかし、森さんは「そうか、その手があったか！」と膝を叩いたという。この際、安ければ部屋で死人が出たという事故物件でもいい。そう思った森さんは、事故物件を探し始めた。そして、紆余曲折を経て、現在の事故物件にたどり着くことになる（その詳しい顛末は、前掲書『事故物件に住んでみた！』を参照のこと）。

しかし、ひとえに事故物件といっても、その事故の内容は、殺人、自殺、病死と様々だ。ルポライターである森さんがあえて自殺の物件を選んだ一番の理由は、その顛末を本にまとめるためだった。森さんは本文中で、当時、自殺物件を選んだ理由についてこう書いている。

〝事故物件に住むことで、どんな精神的、肉体的、社会的な不利益を強いられるのかを検証するのだ。心理的な負担が小さいに違いない「高齢者の病死」というような甘っちょろい物件に住むようでは、果たしてジャーナリストと言えるだろうか（いや、言えまい！）〟

「本を書くために、心理的瑕疵の中でもインパクトの強いものを選ぼうと思いました。病死の物件も見てまわったんですけど、結局、自殺があった物件にすることにしました。自殺ということは先住者がその物件でいつも死ぬことを考えていたわけですよね。そういった、ドロドロした気持ちで住んでいて、そういう情念が物件に溜まってるんじゃないかと考えたんですね。そんなところに住んだらいったいどうなるのだろうかと思ったんです」

本を書くにあたり、先住者の死因が例えば高齢者の病死とか、自然死では、確かに弱い。よりインパクトが強いのは、殺人か自殺かのいずれかだろう。では、殺人はどうなのか。森さんが物件を探している期間にも、バラバラ殺人が起こった事故物件があった。しかし、そこは都心の一等地で家賃が高く、手が届かなかったという。そこで結局、今の物件に落ち着いたらしい。

引越し当日が近づくにつれ、森さんは先住者の霊を夢に見た。姿形は全く見えなかったものの、誰かが夢の中でしきりに問いかけてくるのだ。

〝いいのかい？　あの部屋で本当にいいのかい？〟

さらに髪の毛を引っ張られてどこかに連れていかれるような嫌な夢を頻繁に見るようになった。それでも、事故物件への引越しの日は問答無用でやってくる。引越しの初日はバタバタしていて、自分が今から住むのが、事故物件であることを意識する暇はなかった。しかし、物件に入った他の人たちはそうではなかった。森さんがためしに、引越し業者やエアコン取り付け業者にここで自殺があったと告げると、全ての人たちが逃げるようにして部屋を後にしたからだ。

「エアコンの取り付け業者さんに、『ここ、なんか変な雰囲気ありませんか？』と聞いてみたんです。『ないけど、どうしたの？』ときょとんとしているので、『いや、ここ人死んでるんですよね〜』と言ったんです。『えええええ〜。見て見て毛が立ってきちゃったよ』と、顔色が変わったんです。見ると、全身鳥肌なんですね。同じく引越し業者も事故物件であることを告げると、すぐ帰っちゃいましたね」

森さんは、もしもこの部屋に自殺した男性の霊がまだいるなら会ってみたいと思っていた。初日は心霊現象が起こるのかと思っていたが、意外にも特に何も変わったこともなく日々は過ぎていった。

ある日、森さんは先住者がどんな思いで亡くなったのか、追体験してみようと思い立った。亡くなった人が、最後にどんな景色を見たのか、それが知りたくなったのだ。そこで浴室の配管にズボンのベルトを通して、首を掛けてみることにした。

「グーッと全体重をベルトにかけてみたら、苦しくなって、あ、やばいかなと思ったんですよ。今自分がここで死んだら、事故物件が2件目になっちゃうという恐れがありましたね。家族に迷惑をかけちゃうなとか思いました。あと、大島てるに載っちゃうかもなどと考えました」

もしこのまま死んだら、天国で自殺した人に会えるのかな。ふと、そんな思いが脳裏をかすめた。そのままスーッと死の世界に引き込まれていくような不思議な感覚だった。

「ちょっと足を緩めるだけで、逝っちゃうんだなと思いました。逝っちゃったらまずいよな、という感覚はあるのですが、絶対逝きたくないという感じではないですね。本当に死因が首吊りかどうかわからないですけど、前の人もこうだったのかなと思いました」

森さんがその体験を通してわかったのは、先住者の男性が最後に見たのはなんの変哲もない日常の風景だということだった。毎日使用している浴槽、そして少し黄ばんだ白い壁。そんなありきたりの書き割りのような風景が、最後に先住者の網膜に焼き付いた（記憶された）光景だったのだ。

「自分が死ぬときも、こういった日常を見て死んでいくのかなという感じがします。多少苦しんだり、痛かったり、快感だったりするのかもしれないでしょうけど。でも決してそれは嫌な感じではなかったのが印象に残っています」

森さんは、少し遠くを見つめるかのようにそう言った。先住者への配慮から入居してすぐは浴室の近くにビールを供えていた。しかし、糖尿病治療のため自分がビールを飲まなくなると同時にやらなくなった。事故のあった浴室も、最初は毎日のように綺麗に掃除をしていたが、日が経つにつれて掃除もしなくなった。

「実際に事故物件に住んでいて、不快だとか、気持ち悪いとかそういう思いはありません。ただ、一日たりともここが事故物件だということを意識しない日はないですね。だから現在かかっている病気に対しては悪影響があると思っています」

森さんは、現在うつ病と糖尿病という2つの病を抱えている。うつ病は、35歳の時に発症してから、一進一退を繰り返してきた。しかし、事故物件に住んでからは、ずっと症状は改善しないままだ。森さん自身、うつが治らないのは、事故物件に住んでいるからではないかという気もしている。それなら、なおさら精神的に悪影響がある事故物件から引っ越さない理由はなんなのだろうか？

URは、当初は家賃が半額であるが、一定期間が経つと元に戻ってしまう（2016年1月現在では、関東、関西、九州地区では、入居日から1年、中部地区では2年）。本の中では、家賃が戻る前に再び安い事故物件に引っ越しをする予定だと書いていた。しかし、4年半経って家賃が完全に戻った今でも、現に森さんはこの物件に住み続けているのだ。何か心境の変化があったのだろうか。

森さんは少し困ったような笑みを浮かべながら、こう答えた。

「なぜだか引っ越せないんですよ。霊に憑かれちゃってるのかもしれません。不思議なことに生まれてきて実家を除くと、ここに一番長く住んでるんですよ。確かに、家賃が元に戻る前に引っ越そうと思っていたのは事実なんです。でも、理由はよくわからないんですが、とにかく引っ越せないんです」

引っ越しは自分の意思で行うものだから、引っ越せないということがあるはずがない。事故物件が精神面に影響を与えているのだとしたら、その環境は直ちに改めた方がいいに決まっている。引っ越しをしきりに勧める私に、森さんは事故物件から引っ越さない理由を教えてくれた。

森さんが引っ越せない第一の理由はお金だという。今の家賃は5万2000円。一人暮らしということもあって、十分に安いので引っ越す理由はない。しかし、それはどうやら名目だけらしい。もし手元にお金があっても、引越しの優先順位は低いというからだ。

「座敷童や、貧乏神は家に憑くって言いますよね。家には、本来霊が憑くものだと思うんですよ。前の方の霊が私や私の部屋に憑いているんでしょうね。私はもう4年も住んでいるので憑かれちゃったとしか言いようがない。そして、私自身の生霊もこの部屋に憑いているのかもしれないです」

自分が置かれた状況をまるで他人事のように冷静に分析する森さんは、そんな自分をも達観しているような気さえする。都心から多少は遠いものの、近くにはコンビニもあるし住むところとしては不便は無い。しかし……やはり森さんにとって、この物件は引っ越したほうがいいのではないか、という思いがグルグルと私の頭を駆け巡る。そんな思いを見透かしたかのように、森さんは、こんなことをつぶやいた。

「この部屋で、２件連続で事故が起こるんじゃないかという可能性みたいなものは、ちょっと感じているんですよ。このままここで死ぬんじゃないかという気もするんですよね。こんなへんぴな、小さな場所で死にたくはないですけどね。絶対ないとは言い切れませんからね。そうすると、この部屋で２件連続事故物件が起こることになるんですよ」

不幸が不幸を呼ぶ――。いわゆる事故の連鎖。それはあまりにも悲しすぎる。事故物件を取材していて、事故物件を多く扱う不動産業者に聞いた話を思い出した。自殺による事故物件は、妻と離婚した単身男性のケースが多いという話だ。それは、霊によるものではなくて、本人の属性に関係するものだ。先住者の50代の男性が、離婚していたかどうかは知る由も無いが、単身男性という属性は森さんとピッタリ当てはまる。でも、それは決して霊の存在に憑かれたからではないはずだ。

「森さん、ここは引っ越しましょうよ」

私がそう言うと、森さんは力の無い曖昧な笑顔を浮かべていた。たぶん、引っ越す気はないのだろうと直感的に思った。それ以上はもう何も言えない自分がいた。

部屋をあとにするとき、最後にもう一度、浴室を見せてもらった。天井近くを通っている太くて真っ白なパイプ。それは、最初に見た異様さとは打って変わってどこの団地にでもある無個性なただのパイプに見えた。しかし、ここに首を掛けた人がいると意識してみると、まるでパイプそのものが生き血を吸ってますます輝きを増し、「おいでおいで」と死に誘っているかのようにも思えてくる。

〝ここに掛けたら、楽になるよ〟

そして、もし私が森さんと同じような境遇で、事故物件に住んでいたら、きっと同じような行動をしてしまうかもしれないと思った。私は弱い人間なので、事故物件に引きずられるだろう。当たり前だが、そういう人間は事故物件に住んではいけないのだ。

森さんとは、あれからメールのやり取りをするようになった。主に事務連絡だが、メールの返信が返ってくると、少しホッとしている自分がいる。そして、事故物件で亡くなった死者、そして毎日毎日、あの浴室の太くて真っ白なパイプを見つめている森さんのことを考えると、なんだか切なくなるのだった。

【元管理会社社長も〝呪われた物件〟と公言】
不幸が連鎖するワンルームマンション

「不動産業をやり始めて今年で39年になりますが、後にも先にも1つのアパートであれだけの数の入居者が亡くなったことはないんですよ。あれは、呪われた物件と言えるでしょうね」

都内の事務所の一室で、安田さん（仮名）は、苦虫を噛み潰したような顔で語り始めた。

そのアパートは平成の初めに当時のオーナーが購入、それから数年して売却した。木造2階建てのワンルームの普通のアパートだった。アパートを管理するようになって、まもなくのこと、安田さんは隣の住人から慌てた声で電話を受けた。

「隣の部屋から煙が出ています！」

どうやらこの物件で火事が起きたらしい。安田さんは、消防にすぐに電話するとともに、自らも現場に駆けつけた。オーナーからの預かり物の大事な物件である。会社から物件まではそんなに距離があるわけではない。安田さんが物件の前に駆けつけると、建物の2階からモクモクと煙が立ち上っていた。

「これは、なんとかしなきゃ」

そう思ってアタフタしているうちに、消防車がやってきた。そして、火はあっという間に消し止められた。幸いこの火事でけが人や死者は出なかった。原因は、住人のタバコの不始末。安田さんは胸を撫で下ろした。けが人もなく、アパートが全焼しなかったのは奇跡だった。しかし、それはこの物件にまつわる悲劇の幕開けに過ぎなかったのである。

ある日、業者から、部屋を探している生活保護の受給者を紹介された。管理会社にとって生活保護受給者はありがたい入居者だ。

「生活保護の方は、賃料を代行して役所から支払ってもらえる制度があるので、とりっぱぐれがないでしょ。だからこちらとしては、ありがたいんだよね」

家賃はワンルームで6万円前後。安田さんは、そんなとりっぱぐれのない生活保護受給者でも精神障害の方だけは断っていた。自殺される可能性があったからだ。

そのアパートに入居を希望する女性は「希望する仕事にめぐり合えない」との理由、一見すると、明るい雰囲気の20代の若い女性だった。入居して2年程経った頃、彼女から慌てた様子で安田さんのもとに電話がかかってきた。

「友達が部屋で亡くなっちゃったんですっ。ご迷惑かけますっ」

「ええっ？　なんかあったんですか？」

安田さんが電話で問い詰めると、女性は落ち込んだ様子でこう答えた。

「いや、友達が昨日うちに遊びに来ていて、ロフトで寝てたんですけど、朝気がついたら亡くなってたんですよ」

女性が言うには、ロフトで寝ていた友人が朝起きない。それで起こしにいったら、そのままピクリともしないという。

安田さんは、「とうとうきたか」という思いがした。入居者が音信不通になったり、家賃が振り込まれない。そういうときには、致し方なく鍵を開けて部屋に入ることがある。同業者にも、凄惨な現場の話はしょっちゅう聞いていることもあり、安田さんはそんな部屋に入るとき、いつも覚悟していたのだ。

「もしかして、中で死んでっかもしんねーなー」

安田さんは、ついに死に向き合わなければならない日がやってきたかと覚悟を決めた。安田さんは賃料を払わない入居者や、暴力団が入っている物件、夜中騒いで警察が来るなどのトラブルの対応はいくつか経験している。しかし、人の死にまつわる物件は、不幸中の幸いなのかこれまでにまだ遭遇したことはなかった。住人の女性が言うには、亡くなった友人の死因は「病死」だという。事件性がないと判明したからか、安田さん自身は警察に呼ばれることはなかった。そして、友人が亡くなったその部屋で、契約者の女性はなおも住み続けた。

その事件があってから1ヵ月後のこと、今度は、同じ部屋の女性の父親から安田さんのもとに電話があった。

「娘が具合が悪くなって、病院に行こうと思って、病院に行く途中で死んじゃったんです」

安田さんは驚きを隠せなかった。同じ部屋で立て続けに2人の若い女性がわずか1ヶ月の間に亡くなったのだ。

それにしても、救急車の中で亡くなったというのは本当だろうか。安田さんは少しいぶかしんだ。安田さんは、父親の話は嘘で、部屋の中で女性が自殺していた可能性もあるのではないかと心の中で疑い始めた。先日まで元気で普通に顔を合わせることもあった女性が突然病気で亡くなるだろうか？　どうも腑に落ちない。

安田さんが父親に呼ばれてその部屋に行ったのは数週間後のことである。父親は荷物を片付けたので部屋を明け渡したいという。

「○月○日に荷物を整理するから見にきてもらえませんか」

「きれいになって、片付けたら行きますから、連絡くださいね」

安田さんはそう父親に告げると、そこで初めて父親と顔を合わせた。

物はなにもなく、空っぽの部屋がそこに広がっていた。もちろん、父親が「娘は病死でなおかつ部屋で亡くなっていない」と言い張る以上はそれを信じるしかない。

安田さんが意外だったのは、今回の件で警察が全くノータッチであることだった。合鍵を父親が持っていたとはいえ、警察からは安田さんのもとへの連絡が全然無かったからだ。警察と接触がない以上は、入居者の死因は知る術もない。結局、彼女の本当の死因は闇の中だ。

病死の場合は、一般的に次の入居者には告知しないのが業界の慣例となっている。しかし、事実はといえば、実際の死因を知っているのはあくまで親類のみ。親族が、病死と言い張ればそれに納得するしかない。

それから1ヵ月後、再び安田さんの会社の電話が鳴った。それは1階に住む別の入居者の女性の父親からだった。今度はその部屋で、娘が亡くなっていたという。死因は病死。3人目も生活保護受給者の30代の女性だった。

「とんだことで、ご迷惑掛けてすみません」と父親は安田さんに陳謝した。発見が早かったこともあり、臭いや染みなどは全くなかった。そこで通常のクリーニングや壁紙の張替えの費用のみ負担してもらうことになった。

安田さんは、「本当にお気の毒ですね」と父親を慰めるしかなかった。わずか3ヶ月間の間に、3人もが同じ物件で亡くなっていることになる。安田さんはそのことに驚きを隠せなかった。

安田さんは、今もあの最後の2件の死因に関しては疑問を感じている。

「2人とも元気で若いし、病気を持っているような人には見えないんです。ただ、統合失調症とかパニック障害とか、精神障害を患っていたのかもしれない」

安田さんは最後に亡くなった女性たちについて語ってくれた。

「入居者の中には、社会でなかなか生きていくのが大変だろうなと思った子がいるんです。そういう子は、すごく心が優しい子なんですね。そんな子が、いっぱい世の中にいるんですよ。だから、精神的に病んでしまったりもする。見かけは元気で、精神的な病気だとわからない子もいるんです。あるいは、見かけも弱々しくて、でもとても素直だったりね……」

冒頭で精神疾患の人は全て入居を断っていると言っていた安田さんだが、静かに言葉を続けた。

「実は、私もそうなんですよ。本当は気が小さくて弱くてね、でも、ハッタリかまして生きてるだけなんですよ。強く見せてるだけなんです。そうしないと、入居者の追い出しはできませんから。大変なんです」

最寄の駅までが近く、立地もよく、そこそこの家賃ということもあって、この2部屋の次の入居者はすぐに決まった。もちろん、次の入居者にこれまでその部屋で起こった出来事が伝えられることはない。大島てるのサイトにも載っていないことが判明した。

このいわくつきのアパートは、都内の駅に程近い場所にあった。閑静な住宅街の一角、一戸建ての間に、ひっそりと佇む2階建ての小さなアパート。歩道沿いには、小さな植木が植えられていて、手入れが行き届いているように見える。やや古びた雰囲気はあるが、いたって普通のアパートだ。立地がいいこともあり、どの部屋も埋まっているようで、カーテンや物干し竿が並んでおり、一人ひとりの生活感が伝わってくる。連鎖して人が亡くなった事故物件だが、そこには、いたってのどかな日常があった。

自殺か病死か、この3人が亡くなった本当の死因は、知る術もない。こういった事故物件は大島てるにも載らずに、全国に無数に存在しているに違いない。そして、今もなおひっそりと処理され、なにも知らずに誰かが住んでいるのだ。インタビューを終えた私に安田さんがしみじみ教えてくれたことがある。幸いそれ以降、この物件で事故があったという話は聞いていないというのだ。

【孤独死が起きた事故物件はその後、どうなっているのか？】

蛆、ゴキブリが大量発生する事故物件

世田谷区の一等地、閑静な住宅街に事務所を構える不動産管理会社代表の青木さん（仮名・40代）が管理する物件は、世田谷区に点在している。付近には大学が多く、都心に近いこともあって都内でも人気のエリアだ。世田谷区というエリアの特性もあり、物騒な事件はそう頻繁にあるわけではない。

しかし、バブルが弾け、山一證券が破綻した頃から、青木さんは少しずつこの地域でも、微妙な時代の変化を感じるようになっていく。生活困窮者や独居老人が増えてきたと実感するようになったのだ。

「うちの管理物件があるエリアは、昔ながらの銭湯がまだ結構残っているんですよ。銭湯の近くには、それに合わせて、お風呂無しのアパートがあるんです。そんなアパートに、年配の方が1人で住んでいるケースが多いんです。ただ、その銭湯の数も徐々に減ってきている。普段顔を合わせる社交の場がなくなったのも、お年寄りの孤独死

が増えた原因じゃないでしょうか」

　銭湯が1つまた1つと消失することで、地元のお年寄り同士が顔を合わせる機会がめっきりと減る。銭湯に代表されるような近所付き合いが崩壊すると、独居老人は、体調になんらかの異常を感じてもなかなかSOSのサインを出しづらい。さらに、24時間営業の大型スーパーの進出によって、昔ながらの八百屋や肉屋、豆腐屋などが軒並み閉店したことが地域のコミュニティの崩壊に拍車を掛けたと青木さんは感じている。

「お年寄りは家に固定電話はありますが、何かあったときにスイスイとスマホが使えるわけではないですからね。バブル崩壊以降、年金や健康保険も入っていないような方で、ご夫婦でどちらかが亡くなられて一人暮らしになるケースが増えています。体が健康なうちはそれでもいいんでしょうけど、徐々に体が悪くなると、そういう方は外に出る機会もどんどん減っていく。そんな社会情勢もあって、一人暮らしされているお年寄りの方がアパートで亡くなっているというケースには度々遭遇しますね」

　青木さんの管理物件の周囲には、昔から複数の大学が点在していることもあり、地主が作る物件もワンルームの単身者向けが多い。それらは、地方から上京した大学生をターゲットにしている。しかし、景気の悪化とともに、大学の周りに住む学生の数が減少しつつあるというのが青木さんの実感だ。

「最近だと学生さんの親御さんも生活が苦しいので、高い仕送りができない状況があるんです。しかも世田谷区は、決して家賃が安い地域ではない。だから、地方から出てくる学生さんが大学の近くに住むというケースはすごく減ってると思いますね」

大家としては、学生に住んで欲しいものの、肝心の学生には高い家賃を支払う余力はない。かつては学生が住んでいたワンルームのアパートも、古くなると家賃はおのずと下がってくる。大家は、次第に誰でもいいから住んで欲しいと思うようになる。そこに独居老人が入ってくるという流れだ。昔は敬遠されていた独居老人だが、部屋を埋めるためにはなりふり構っていられないということらしい。

青木さんが、初めて事故物件に遭遇したのは今から20年前のこと。知り合いの大家からふとした拍子にこんな相談を受けたのがきっかけだった。

「うちの2階の女の人、家賃を何ヶ月も払ってもらってないんだよね。家賃を払ってくれないというより、最近、顔も全然見ないんだね。家にもいないみたいなんだよ。新聞もこんなに溜まっちゃってて」

大家は、分厚い新聞紙を指差すような仕草をした。

（え？ それはちょっとおかしいなぁ）

青木さんは、直感でそれは変だぞ、と感じた。その建物は、1階が大家さんの自宅で、2階に賃貸用のワンルーム2部屋が連なるいわゆる賃貸併用住宅だ。そこに住んでいる入居者は50代後半の女性の一人暮らし。職業は不詳だ。

大家と店子が1階と2階に住居を構えていることもあり、家賃は、毎月2階の入居者が直接大家に手渡しするという今では珍しいスタイルだった。女性はその物件に長く住んでいたこともあり、大家とも顔見知りだった。

「えぇ！　そうですか。じゃあ僕が、お部屋行ってみましょうか」

青木さんは、困り果てた様子の大家を気の毒に思いながらも、そのまま2階に足を運んでみることにした。2階に上がるなり、すぐに異様な臭いが鼻をついた。

「なんか臭いな」

それは、青木さんにとって、身に覚えがある臭いだった。昔テナントとして貸していた飲食店にあった冷凍庫が壊れたことがあった。そのせいで中に入れていた業務用の生肉は恐るべき悪臭を発していたのだった。それと全く同じ臭いが、2階の一室から放たれていた。生肉が腐って溶けたときのツーンと鼻をつく、あの忌まわしい臭い――。

「これはもしかして、中で亡くなっているかもしれない」

青木さんは、すぐに警察を呼んだ。やってきた警察は、合鍵でドアの鍵を開けようとしたが、南京錠の内鍵がかかっていることがわかった。中に誰かがいることは明白だった。内鍵をさらに合鍵で解錠し、警察と青木さんが玄関のドアをようやく開けると、いきなり玄関の方に向かって、蛆虫の大群がウジャウジャと飛び出してきたのだった。ゴキブリと違って、人を見て逃げることがないのが、やけに印象に残っているという。

「それが最初に出くわした事故物件の現場だったんですよ。強烈ですよね。正直、亡くなった方がかわいそうだなとか云々というのは、後になってからのことです。あまりの臭いにやられましたね。しばらく食欲が無くなってしまって……、とてもじゃないけど食べ物が喉を通らないんです。人が死んで腐敗した臭いの強烈さは今でも忘れられないですね」

単身者が住む小さなワンルーム。小さな土間の先に、6畳ほどの和室があるだけの簡素な作りだ。その和室の真ん中に、浴衣に身を包んだ女性が倒れてるのが少しだけ見えた。布団の上で、まるで寝ているかのようだったという。

「ご遺体のところにも蛆虫が這っているのが見えました。さすがにそれ以上はその場にいるのはムリだった。長居は絶対にできないと思って、あとは警察に任せたんです」

パトカーと救急車は来たものの、サイレンも鳴らさずにあっという間に女性の遺体を運び出していった。

前述のように女性は50代後半とあって、まだ亡くなるには若かったが、大家の話によると晩年は頻繁に体を壊していたらしい。青木さんは、部屋の中で具合が悪くなり、そのまま寝ているうちに衰弱して亡くなったのではと推測する。部屋自体は荒れた形跡がなく、湯飲みやお茶碗が整頓された状態で並んでいた。そして、昔のレコードがたくさん部屋の中にあったという。女性は、契約で連帯保証人をつけておらず、身寄りが無かったが、最終的には、警察と役所で親戚を探し当てた。

遺体を警察が運び出してからも畳には蛆が這い回っていた。そして、女性が寝ていた布団には、くっきりと人型の染みが残ったままだった。困り果てた青木さんは、知り合いのとび職の職人に相談して、畳ごと引き剥がして処分してもらうことにした。

しかし、畳を処分しても、その下にまで染み込んだ体液はなかなか取れない。おまけに臭いはずっと部屋中に充満したままだ。とても次の人に貸せるような状態ではなかったので、結局、その部屋はしばらく空けたままにすることにした。下に住む大家の天井に体液が染み出してきていなかったのが不幸中の幸いだったといえる。

大家は、その後数年そこに住んでいたが、やがて取り壊して土地を売却したらしい。今、その土地はどうなっているのだろうか？　青木さんに、場所の詳細は伏せるという条件の下、詳しい住所を教えていただき、訪ねてみることにした。

駅から程近い閑静な住宅街の一角――。そこに周囲の建物よりも新しい普通の2階建ての住宅が2棟並んでいる。かつてあった広い土地を2つに分割して売買したことがわかる。最近の建売住宅にはよくある方法だ。かつて事故物件があった場所らへんの右側の建物は、美しく小綺麗な一戸建てであった。当たり前だが、事故物件があった痕跡はない。

世田谷区の一等地であるだけに、裕福な家族が購入した家であることは一目でわかる。しかし、かつてはこの土地に、レコードを聴き、銭湯に通い、1人で暮らしていた女性がいたのだ……。

私は、2階が事故物件となってしまった大家さんの気持ちに思いを馳せる。金銭的にはもちろん被害を受けたが、心理面でもつらいものがあったのではないだろうか。何年も顔を合わせていた上に住む住人が、いつの間にか亡くなっていたなんて。しかも、遺体の損傷があまりにも激しかったという。そんな事故があった物件にどんな気持ちで住み続けていたのだろう。この中の登場人物の誰が悪いというわけでもないのがまた悲しい。青木さんは、言葉を選びながらも、それでもしっかりとした口調でこう言った。

「大家さんの中には、年配の人に部屋を貸すのはダメという人が多いんですよ。どれだけお金持ちでも年配の一人暮らしの方を入れたくないっておっしゃる人もいる。その理由はこういうことなんです」

【ドアを開けると危篤状態の住人がいた】
住人が孤独死したアパート

「住んでいるアパートが取り壊しに合うんだ。だから部屋を世話してほしい」

ある日、当時60代の男性が青木さんの会社を訪ねてきた。そこで紹介したのは、木造2階建ての1階の部屋だった。名前こそ今は横文字になっているものの、築年数は40年以上の古いアパートである。それでも、駅からほど近いこともあって人気のアパートだった。しかし最初は元気なように思われた男性が、年を重ねるうちに徐々に体力が衰え、体を壊していくことになる。

「そのうち、電動機付きの車椅子に乗られる姿を見るようになりました。バリアフリーの物件でもないんですよ。車椅子が中までスッと入れるようなアパートじゃないから、大変だろうなと思ったりしていました。それでも、車椅子を見かけるようになってからも、しばらくは元気にお住まいになられていましたね」

男性とは、たまにスーパーなど近所で遭遇していた。しかし、あるときを境にしばらく顔を見ていないなと思うようになった。だが、他にも多くの入居者を抱える青木さんは、男性に何が起こったかは知る由もなかった。

　ある日、隣の住人から「隣からすごく変な臭いがするんです」との相談があった。その物件は大家の敷地の中にあった。大家に聞いてみると、「最近顔見ないね」と首をかしげた。青木さんは、男性の住むアパートを訪ねてみることにした。部屋をノックしても何の返事もない。そして、部屋の周りには異臭が漂っている。

「どう考えても、おかしい」

　そこですぐに警察を呼ぶと、警察と一緒にドアを開けることにした。警察とともに部屋に入るなり、突然強烈なアンモニア臭が鼻をついた。そして、部屋の中のいたるところに撒き散らされていた糞尿に群がる、大小無数のゴキブリたち――。ゴキブリは、人の姿を察知すると慌てたように「ザザザザーッ」と部屋の中を逃げ惑っていた。

　そして、その中にうずもれるかのように血を吐いて倒れている人の姿があった。そして、なんとかろうじて息をしているではないか！

　目の前では、血と汚物にまみれた住人の男性が変わり果てた姿で突っ伏している。だがこの状態では、下手に動かすと危ない。すぐに救急車を呼び、男性はそのまま病院に搬送された。しかし、その日のうちに亡くなったという。

「死因はちょっとわかりませんが、僕が見つけなかったら、きっとそのままお部屋で亡くなっていたでしょうね。相当な長い期間、自分で生活できる状態じゃなかったみたいです。立つこともできなかったらしいですよ」

救急車が男性を病院に運んだ後、青木さんは、早速、連帯保証人である地方在住の息子に連絡を取った。しかし、向こうはガンコな父親とは親子の縁は切っていると言い張る。

部屋の中から現金や預金通帳などが出てくる場合もある。全てを一気にゴミとして処理する業者はいるものの、任せるわけにはいかない。息子が東京に出てくることを渋るので、仕方なく許可を得て、青木さんはその部屋を掃除することにした。

部屋の中は、洗い物の山、そして食べ物のゴミ、脱ぎ散らかしたパンツなどの衣類が散乱していた。押入れを開けると、まさか開けられるとは思っていなかったのだろう、そこに潜んでいた大量のゴキブリがバサバサーッと音を立てて次々と床に落ちてきた。これまでに見たこともないような、ゴキブリの大群だった。

「ゴキブリってこんなに寄ってくるんだなと思いましたね。とにかくすごい数なんですよ。いやー、あれは強烈だったな」

タンスを開けると、天皇陛下の写真や往年のポルノ女優の切抜きとともに、数百万円の入った預金通帳が出てきた。預金通帳の存在を告げると、縁を切ったはずの息子はすぐに駆けつけてきた。

物件で亡くなったわけではないので、次の入居者には知らせていない。大半のものを産廃処理業者に処分してもらい、バルサンを焚いて、壁紙・フローリング・ふすまなど、すべてをリフォームして、次の入居者に貸し出された。

今もこのアパートは青木さんの会社が管理しているが、一室を除いてほぼ満室だという。築40年にしては、小奇麗な外観。くすぐったくなるようなおしゃれな横文字がついたアパート名は、横文字の方が客入りがいいという判断なのだろう。

インターネットで物件名を検索すると、1階部分の1部屋が、賃貸アパートとして貸し出されている。広さは1Kで6畳の洋室、家賃は5万円、管理費なし、風呂トイレ別。世田谷区の一等地としては、恐らく安い部類に入るのではないだろうか。残念ながらまだ入居中とあって、部屋の中を見ることはできなかったが、どこにでもあるいたって普通のアパートだった。

これほどまでに壮絶な体験をした青木さんだが、1人の人間として、家で亡くなるのはあるべき姿ではないかと思っている。

「僕も、色んな体験をしましたが、お家で亡くなるのは、悪いことではないと思うんです。変な話、病院のベッドで亡くなろうが、お家で亡くなろうがそれは自然なことだと思うんですよ。たまたま、その人が一人暮らしで、誰にも看取られなかった、発見が遅くなったというだけだと思うんですけどね」

青木さんは、その他にも若い女性の病死の事故物件に遭遇している。そちらは病死だったが、次の入居者には告知して、家賃は6万5000円を4万円に下げた。

告知する理由として、地元に根ざした不動産屋ということもあり、契約者から不動産屋や大家への不信感になるので、悪い影響を及ぼすというのがある。

「家賃を下げてでも、次の入居者にはちゃんと伝えたほうがいいと思いますね。我々は大家さんも不動産屋も地元だし、住んだ方も近所のお店で働いている人たちなんですよ。その関係性を考えれば、内緒にはしておけないですよ」

このように、事故物件を巡る管理会社の心情も人それぞれだ。

【著者自身が事故物件所有者に？】
自殺があった土地の一戸建てを買おうとしました！

あなたは、自分が購入しようと思っている物件のすぐ近くに事故現場があったらどうだろうか？　家から毎日その事故現場を通って通勤、通学することを余儀なくされるとしたら？　果たしてその土地を購入するだろうか。また、自分が買おうと思っている土地がもし事故物件だったら？　別に事故物件に自分が住むわけじゃないから、全然問題ない。そういう考えの人もいるかもしれない。

しかし、先ほど登場した森さんが言うとおり、事故物件は自分たちだけの問題ではない。自分たちがよくてもその親族が反対したら？　あなたはその事故物件を購入するだろうか？　これから私自身が遭遇した事故物件を巡って家族、親族を巻き込んだ一部始終を記してみようと思う。

今のパートナーと結婚してから私は、都心から埼玉県郊外の３ＤＫの賃貸アパートに引っ越した。

このアパートでの生活は快適そのものだった。都心の狭いアパートとは違ってゆったりとした広さ。下の住人も良い人で、奥さんに会う度に、逆に子どもたちがうるさくてすみませんと言ってくれる。そんなある日、1枚のチラシが入っていた。

【家賃並みの返済で夢のマイホーム】【家賃より安く買えます】【月々○万円で夢のマイホーム】

そこには、今の家賃の金額よりも安い金額が並んでいた。そうか！　買うという手があるんだ。東京に出てきて、ずっと夢だと思っていた庭付き一戸建て。しかし、埼玉なら買えるかもしれない。ここは環境もいいし、のどかだ。地方で育った私たちはやはり都心よりもこんな緑豊かな環境の方がきっと向いている。2人とも、一戸建てで育ったせいかマンションは苦手だし、そもそも都心に一戸建てなんて夢のまた夢だ。だから、ずっと賃貸暮らしだったわけだが、もうそれも終わりにしてもいいかもしれない。

早速ネットを見ると、この近辺の新築建売で安いものはなんと1500万からはらしい。安い、安すぎるではないか！　これなら、パートナーの薄給（失礼！）でも余裕で買える。そうだ！　買おう！　ローンさえ払い終われば、買ってしまった方がゆくゆくは自分たちのものになる。

そう決めてからというもの、ネットやポスティングのチラシで物件情報とにらめっこする日々が続いた。買うからには、やはり今の家賃と同額程度でなければ意味がない。注文住宅は憧れるが、ここはグッと我慢して予算を優先して除外することにする。そうすると、やはり狙い目は新築の建売ということになる。

私は、複数の不動産屋に目星をつけ、新しい物件情報があったら連絡をもらうことにした。

ある日、地元の不動産屋のおじさんから電話がかかってきた。

「菅野さんにとっておきの物件が出てきたんですよ」

「えっ？　どんな物件ですか？」

きたきた！　電話口でワクワクしている自分がいる。しかし、おじさんは、少し言いづらそうにモゴモゴとした口調で言葉を続けた。

「今、近くで開発中の建売なんですが、ただ、ちょっと土地に問題があるんですよ。菅野さんは人の生き死にって、気にされますか？」

「えええっっ!?　どういうことですか？」

「それが、ちょっとその土地で自殺があったみたいで」

「自殺……ですか？」

「そうなんです。こういう物件は、気にされない人と、絶対にダメだって人にハッキリ分かれるものですから。菅野さんはいかがかなと思いまして。でも、自殺があったというのは住まれる建物ではないんですよ。そこは避けてあるんです。物件の隣にある道路なんです。そこで自殺があったんですよ」

思いもよらない不動産屋の言葉に唖然とする。道路で自殺？　どういうことだろう。

「いや、それだけだと、なんとも言えないです。パートナーはあまり気にしないタイプだと思いますが、ちょっと2人で相談しないと」

「じゃあ、今から参考までに物件情報をお持ちしますけど、いかがですか」

不動産屋は物件のチラシを持って、すぐに車を飛ばしてやってきた。どうやら話によると、その新築建売の物件は最寄の駅から徒歩5分で、現在開発が始まったばかりだという。1つの土地に9棟の物件が一斉に建築されるらしい。チラシには、すでに9棟の見取り図と部屋の間取りなどが書いてあった。価格も1500万円〜という安さだ。しかもどの物件も南向きで、2階には6畳以上の部屋が3つもある。さらには都心では考えられない広さの庭がついている。今ならこの9棟の中で好きな物件を選べるという。

それはよくありがちな普通の建売のチラシだった。特記事項に「※協定道路部分に心理的瑕疵あり」という表記を除いては……。

「で、自殺があったのは、ここなんですよ」

不動産屋が指をさしたのは、物件を囲んで中心に位置する道路として描かれている部分だった。いったいどういうことだろう。

説明によると、どうやらこの9棟が建っている現場は、もともとは道路などはなく、1つの広い土地であったらしい。そして、自殺をしたのはその土地の元の所有者であるということだった。そして、道路部分は、これから住む住人たちが共同で持つ、私道という扱いになるらしい。つまり、この道路に面した物件を買うと、もれなく事故のあった土地の所有者ということになるのだ。よく見るとほとんどの物件がこの私道に面しているが、この私道に接触していない物件も中にはある。こちらは、公道に面している。

「前の土地の持ち主は、この場所に停めた車の中で練炭自殺をしたみたいなんです。だから、あえてその場所には建物は建てずに道路として開発したんでしょうね」

私は自殺があった土地や建物に住むのは気が進まなかった。森さんが住んでいるようなあからさまな事故物件だったらすぐに断っていただろう。けれども、不動産屋の言葉を信じる限りは、もしこの物件を買っても住むのは自殺があった土地そのものではない。

家の隣の道路である。それを自分が果たして良しとできるのか。何とも言えない複雑な気持ちになった。最初から論外と決め付けるのももったいない気がしたのだ。

「もし気になるならこの後、とりあえず一緒に現場を見に行ってみませんか？　車ですぐそこですし。一回見てからご主人と相談なさってもいいと思いますよ」

迷っている私の様子を見ると、少しでも可能性があると思ったのか、不動産屋は気軽な口調でこう言った。

「いやー、ここらへんはスーパーも近くにあるし、駅からも近いし、本当に便利なんですよ」

不動産屋のおじさんの言葉がするすると頭を抜けていく。うーん、確かに良い条件には違いないが……。私はふと思ったことを口にしてみた。

「ああいう物件って他にも結構あるんですか？」

「長年不動産業やってると、中にはあるんですよ。事故物件は本当にダメって人もいるし、全く気にしない人もいます。そこはお客様によってハッキリしていますよね。だから菅野さんはどうかなぁと思って」

と私の顔を覗きこんだ。新築の家を見に行くのは毎回ワクワクする。一生で一度の買い物だし、何よりも家具などの配置を考えるのも楽しい。しかし、今から見に行くのは、自殺のあった場所でもあるのだ。そう思うと少しゆううつになる。そんなことをあれこれ考えるうちに、物件にはあっけなく着いてしまった。そこは駅から近い割には、とても静かな環境だった。住宅街に囲まれているが、一棟一棟の空間がゆったりとしているため、窮屈な感じがしなかった。

どの棟を買っても、間隔が広いため日当たりは申し分ない。犬を飼っても走り回れるぐらいの広めの庭に夢が膨らんでテンションが上がってしまう。まだ開発中でコンクリートの基礎しか打ち込んでいないが、間取りや広さは一目瞭然だ。

「ここはお風呂で……、ここはトイレ！　ここはダイニングキッチンですね。こんなに広ければ、和室にご両親も泊まっていただいても全然問題ないでしょう」

不動産屋がまるで私のテンションを察したかのように得意になって説明を始める。これはもう即決しかないという勢いだ。

しかし、どうしても目がいくのは、やはり自殺のあった道路だ。そこだけ物件を避けるかのように自殺のあった問題の道路が延びている。まだコンクリートで整備されていない、広めの砂利道。それが、逆に生々しい。かつての土地所有者がこの場所で練炭を焚いたのだ。

しかし、当然ながらそんなことはお構いなしに工事は着々と進行しているらしく、これから設置されるであろう大量のブロックや木材などが無造作に積んである。地面を整地するための小さなショベルカーまである。なのでその日は、心ここにあらずであった。条件は整っている。しかも、こんな良い条件の物件が今後現れるとは限らない。決めてしまいたい！　限りなく心は「購入」の方に向いていた。

その夜、私は満を持してパートナーに相談した。パートナーが死を特別なものとして忌避する考えの持ち主でないことはわかっているが、いざ自分が住むとなったら話は違ってくるかもしれない。

「良さそうな物件があるんだけどさー。道路で自殺があったらしいんだよね」

私はチラシを見せながら、ことの一部始終を話した。しかし、パートナーの答えはあっけないものだった。

「別にいいんじゃない。だって道路でしょ？　物件に関係ないじゃん」

やった！　これはついに夢のマイホームが近づいてきたかもしれない！　続いては、親族への報告である。私の母親は、ずっと私たちが家を買うことを楽しみにしてきた。しかし、無類の怖がりなのは私がよく知っている。心霊番組などを見た夜はトイレに行くのも怖がるほどだ。そんな母になんと説明すればいいのか……。私は億劫になりながらも、慎重に言葉を選んだ。

「お母さん、今、私家探してるって言ったよね。ちょっといい感じの家が見つかりそうなんだけどさ」

「うん。どんな家なの？」

「うちの近くなんだけどさ。予算内だし、新築だし、広いし、ただ、家が建つ前にちょっと問題があったんだって」

「なに？」

「それが、家の前に道路があるんだけど、その前で自殺があったんだって。でも、家じゃないんだよ。隣の道路なんだけどさ」

母親が一瞬息を呑む間があった。ギョッとしているのが伝わってくる。母親はすぐに落ち込んだ声で言った。

「えぇ～、お母さん、絶対にそんなとこ嫌だわ。怖くて泊まりにいけんわー。止めといたほうがいいって」

「でも、亡くなってたのは道路だからさ。家にあんまり関係ないって言えば関係ないんだけどね」

「でも、その道路が目の前にあるんでしょ。毎日それを見るんでしょ。止めときなさいよ」

母親は、あからさまに嫌がっていた。多少予想はしたものの、猛烈な拒否反応だった。母親も落ち込んでいたが、私はもっと落ち込んでいた。

「うーん、わかった。ちょっと考えてみる」

私は言葉を濁して電話を切った。家を買ったら当然ながら親が遊びに来たり、泊まったりすることもあるかもしれない。そんなときに、母親があそこまで嫌がる物件を買うのはさすがに親不孝な気もする。しかし、それ以外は全く欠陥がない物件なのに、みすみす購入を見送るのもそれはそれでもったいない。しかも、実際に自殺があった場所は道路なのだ。正確には自分の家には何も関係ない。というか、親が実際にその家に住むわけではないんだし……。

私の父親は静観する構えで、パートナーの親に至っては、バリバリの関西人だからなのか「別にええんちゃう? そんなのどうでもええわ」といった感じで、自殺があった事実にはあまり関心がなさそうだった。

不動産屋は即決を望んでいたが、母親の態度が気にかかる。物件がある程度完成するまで、まだ少し期間がある。それまで考えても遅くはない。私たちはしばらく、物件の購入に関して頭を冷やすことにした。結局、打開案として、問題の道路に面していない公道沿いの物件ならいいのでは? ということになり、その中の1棟が最終候補に上がった。そこで、建物が完成間近になったところで、母親を連れてもう一度物件を見に行くことにした。

「普通の道路に見えるけど、ここで人が亡くなったんだね」

母親が複雑な表情をして道路を見つめていた。物件の中に入ってみる。フローリングに真新しい木材の匂いが充満している。ゆったりとした広めの間取り。南向きの窓に、庭。そして十分予算内。完璧だった。やはりもう、こんな条件の物件は現れないような錯覚に陥ってしまう。

「やっぱりここいいよね！」

「ご決断を！」

私がそう言うと営業ノルマがあるのか、不動産屋からは、「問合せが多いので運が悪ければ翌日に仮契約されてしまうこともありますよ」と焦らせるかのような台詞が出てくる。

「ねぇ、この窓からあの道路が見えるよ」

母親が突然、顔を青ざめさせながら、トイレでつぶやいた。みんなでそれに続く。トイレのドアを開けると、確かにそこには自殺のあった道路がくっきりと見えた。もう、そこはかつての砂利ではなくて黒いアスファルトに変貌している。時は、夕方。アスファルトが漆黒の闇に吸い込まれていくような気がする。母は少し青ざめたような表情をしている。母はあきらかに近くにあの道路が見えることを意識していた。この母の表情を見たときに、この物件はムリだと私は感じた。私が気にしなくても、親が気にするなら、それはやっぱりよくない。これからずっと住んだり親が遊びにきたりするうえで不安に感じるなら止めたほうがいい。

「やっぱりやめたほうがいいよね。お母さんが嫌がってるし」

私はパートナーにそう言った。何度も連れてきてもらった不動産屋には申し訳ないが、結局、私はこの物件を購入することはできなかった。遊びに来るたびに、あの道路を意識する母親のことを思うと忍びなかったのだ。母親にあの物件を諦めた旨を伝えると、安心したように「またいいのがきっとあるよ」とつぶやいた。

それからも物件探しは結局丸1年以上続いた。あれ以降は、事故物件に遭遇することはなかった。そして、無事別の物件を購入して現在に至っている。あの物件のような広い庭も、和室も諦めた。でも、事故物件ではない。母親もよく遊びにきている。

もし、あの物件を購入していたらどうなっていただろう？　と思うことがある。住んでみると意外にも、母親は気にしなくなったかもしれない、とも思う。でも、しかし……、という思いが頭をかすめてしまうのだ。

【認知症と事故物件】

夫の遺体と毎晩添い寝をしていた妻

東京都心から電車で揺られること1時間。駅に降り立つと、コンビニやチェーン居酒屋がポツリポツリとあり、その先にはベッドタウンが視界一杯に広がっている。一戸建ての住宅が立ち並び、高度経済成長期には都心に通勤するサラリーマンで賑わったであろうという雰囲気が駅前商店街にかすかに残っている。

そこは緑も多く残る、いたって普通の郊外の駅だった。周辺には小中学校があり、落ち着いた雰囲気を醸し出している。少しにぎやかな商店街を抜けてしばらく歩いたところにある、高級マンションの高層階の一室がひっそりと売りに出されている。

間取りは３ＬＤＫで９００万円前後。南向きで周囲に高い建物がないため日当たりもいい。築年数は30年以上が経過しているが、鉄筋コンクリート造で手入れが行き届いていることもあり、外観はいかにも頑丈な作りで老朽化している感じはしない。

売りに出されている部屋は、玄関を開けると、２部屋の洋室があり、南面にダイニングキッチンと和室が広がっている。どこにでもあるシンプルなマンションの間取り。キッチンの窓からも光が差し込み、とても明るいのが印象的だ。パステルカラーのタイル張りの古さを感じさせる小さめのお風呂は、綺麗に掃除されていてピカピカだ。しかし、リフォームをするお金はなかったのか、どことなく昭和を感じさせるこじんまりとした佇まいである。高層階ということもあり、ベランダ側からは市街地が一望できる絶好のロケーション。

リビングダイニングと隣接する南向きの和室。そこには、日焼けで少し赤茶けた畳がそのままになっている。なんのことはない、使い古した畳。

実は、この畳の上で、白髪が混じる認知症の堂本幸恵（仮名・67歳）は、とうの昔に亡くなって冷たくなった夫の俊夫（仮名・70歳）と10日間以上過ごしていたのである。押入れの前の小さなスペースが2人の寝室だった。そこで親戚が訪ねてくるその日まで、幸恵は毎夜、夫の横に添い寝して過ごしていた。少し白髪が混じる幸恵は、一見人の良い少しやつれ気味のおばさんといった雰囲気だ。

「奥さんの認知症が進行しているので、夫は死んでないって言い張るんです。私は、ボケてなんかいないって。だから、旦那さんの死を今も認識していないと思いますよ。それ以前に、今は旦那さんの存在自体も忘れていると思いますけどね」

女性の関係者はそう証言する。ほぼ、同世代の2人が結婚したのは50代を過ぎてから。初婚で晩婚だった。幸恵にとっては長年にわたる母の介護の末、ようやく50代で手に入れた幸せ。その結晶とも言える住まいがこの3LDKの中古マンションだった。しかし、幸せは長くは続かない。結婚直後に医師に若年性認知症と診断されたのだ。

「私は母親とは違う。あんなふうにはならない」

幸恵は、親戚などから病気のことを指摘されても、頑なに認めようとしなかった。しかし、幸恵の認知症は、ここ1~2年で急激に悪くなってしまう。昔は料理も作っていたが、それも作れなくなった。トイレを流すのをよく忘れるようになった。そんな中、元気だった夫が突然布団の中で、亡くなってしまった。

幸恵は、俊夫の身に何が起こったのかわからなかった。だから、いつものように夫の隣で寝起きする生活を続けていた。夜になると、夫と一緒に布団にくるまって寝る。それが、幸恵の手に入れた小さな幸せだったのだ。

俊夫が発見されたのが冬場だったということもあり、幸いにも10日以上が経った俊夫の遺体には腐敗などは見られなかった。

「旦那さんの死因が心筋梗塞とかだったら、もしかしたらすぐに奥さんが119番に通報して救急車に乗って助かっていた可能性はありますよね。まぁ、奥さんがあの状態だと救急車なんて呼べるわけないんですけど……」

女性の関係者はそう言ってうなだれた。

発見が早かったせいか、俊夫の遺体と生活していた幸恵に衰弱している様子は見られなかった。認知症とは言っても重度ではないのでスーパーなどへの買出しなどは問題なくできるレベルだそうだ。一見病気の見分けはつかない。そのため、パンや食料品を買いに行くことで、何とか生き延びられたのではないかと関係者は推測している。幸恵はその後、関係者の援助により老人ホームへ入居した。

現在、このマンションは告知事項有りの事故物件として出回っている。どこにでもありそうな郊外の中古マンション。インターネットの不動産検索サイトで探すと、他のマンションの売買情報に埋もれるようにして、控えめに物件情報が出てくる。そして、この和室の部屋の写真も室内写真としてアップされている。そこにはかつて2人の夫婦が仲むつまじく暮らしていたのだ……。

白のタイル張りのどこにでもあるシステムキッチン。どこにでもあるこのありふれたキッチンで、幸恵は料理を作り、俊夫に振舞っていたのだろうか。母親の介護の後に夫と見つけたつかの間の幸せ。短い期間だったが2人の間にしかわからない幸せは、今は幸恵の記憶にはもう残っていないかもしれない。

不動産売買サイトに載っている赤茶けた畳の和室。それを見ると、この部屋でかつて生活していた光景を思い浮かべ、何か切ない感傷に耽ってしまうのだ。

【ある日、息子が訪ねると……】
事故物件と3人の家族の話

東京近郊の閑静な住宅街――。都心にも電車で20分ほどで着くアクセスの良い路線が通っている。駅前には巨大なスーパーがあり、そこからしばらく歩くと、小奇麗な一戸建が立ち並んでいる。

駅から15分ほど歩くと、お日当ての2階建ての家がひっそりと佇んでいた。家の窓には、シャッターが下りていて、人の気配はない。木造で、庭の前には成長した木々が剪定されずに無造作に生い茂っている。家主を失った家は、どことなく物言いたげな雰囲気を漂わせていた。

この家には、かつて3人の家族が生活していた。伸介（仮名・60代）と洋子（仮名・50代）、そして、洋子の息子の和利（仮名・30代）の3人だった。伸介と洋子は兄妹で、和利は妹の連れ子だった。洋子は、和利がまだ3歳のときに元夫と離婚。それ以来、3人でずっとこの家で生活してきた。

洋子は認知症を患っており、和利は自閉症だった。さらに、伸介自身も内臓疾患を患っていた。そのため、3人とも生活保護を受けていた。

外観からはあまり想像がつかないが、家の中はいわゆるゴミ屋敷だったという。部屋の中には、長年の住まいで溜め込んだモノが溢れていた。洋子には収集癖があった。一度、買ったりしたものが捨てられないのだ。料理雑誌や大好きな歌手のCDを数十年前から溜め込んでいた。そして、何十年分かの新聞の山に、堆《うずたか》く積まれた食べ物のゴミ。夜はそんな環境とあってか、ゴキブリが堂々と這いずり回っていた。トイレや風呂場は誰も掃除していないので、カビと汚物にまみれていた。満杯のゴミの間に埋もれて毎日眠りにつく。そんな環境で、3人はひっそりと生活していた。

関係者によると、伸介は、介護保険を取れる状態であった。それでも、「俺はいい、大丈夫だ」と言って、頑なにその申し出を拒絶した。当時の伸介はまるで、人生を全て諦め、希望を失っているようだったという。

「伸介さんは認知症ではなかったんです。しっかりしていました。でも、伸介さんのことを考えたら何らかの行政の手助けはあったほうが良かったと思います。家の掃除もできる状況ではないので、衛生状態は本当に悪かったです。本来ならば、定期的にヘルパーさんが入るとか、体も弱ってるのでデイサービスに通うとかそのレベルですよ」

この一家を見かねた行政の職員たちは、洋子と和利をそれぞれ、施設に入れる手はずを整えた。結果、洋子は数年前に老人ホームに入り、和利もようやく長期に入所できる施設のめどがついた。伸介にも、ようやく福祉の手を差し伸べることができるかもしれない。そう思っていた矢先のことだった。

ある日、関係者が和利と一緒に車で家を訪ねてインターホンを押した。しかし、全く反応が無い。そこで家の裏口のドアを関係者が開けると、そこには、伸介が突っ伏すように倒れていた。真冬のことだった。すぐに救急車が呼ばれたが、すでに伸介は心肺停止状態。警察によると、死後1週間は経っていたという。死因は急性心筋梗塞だった。

「心筋梗塞で苦しくて、そのままひっくり返って終わりですよね。もしかして、助けを求めて裏口まで行ったのかもしれない。2階にいて苦しくて階段を下りて息絶えた場所がそこだったのかもしれない」

和利がたまたま家に行きたいといったから見つかったものの、行かなかったら何ヶ月も遺体が放置されていた可能性が高い。和利は施設に入ると、これまでと一変して、すっかり明るい性格になった。そして、伸介の死を彼なりに受け止めているようだったという。

小さい頃から育った家に、たまに戻りたいとつぶやくこともあるが、決して職員を困らせるようなことはない。きっと和利は新しい道を歩き始めているのだ。ただ洋子は、認知症が進行した今でも、入所先の施設で「私のモノを捨てないで！」と目に涙を溜めて訴えるという。

東京近郊の高級住宅街――。億の豪邸も点在するその地域に、今か今かと壊されるのを待つ家がひっそりと佇んでいる。かつて一家が暮らしていたその家は解体されて、土地が売りに出される予定である。沿線が都心まで程近いこともあり、きっと更地になった土地には新しい買い手がすぐにつくだろう。しかし、ここには確かに3人の家族が住んでいて、毎日、喜びも悲しみも分かち合っていたのだ。

【事故物件の新潮流】

0円の事故物件を覗いてきた！

10月も後半。冷たい風が吹きつけ、秋の訪れを感じさせるある日のこと、千葉市の郊外に位置する閑散とした某駅前に降り立った。隣駅が県を代表する主要ターミナル駅ということもあり、そこでほとんどの人が降りてしまったらしい。日曜日の午後だというのに駅前は驚くほど人の姿がなかった。

駅の階段を下りると、お年寄りが目立つ郊外の駅前で、ひときわ元気なオーラを放つ若者集団がいるのが目についた。その数、20人ぐらいだろうか。「彼らに違いない」とすぐにわかった。

彼らは今日開催される「0円物件見学ツアー」の参加者である。そして、このツアーを企画したのは、「20代サラリーマン大家の会」。この会は、20代から不動産投資を始めた元サラリーマンや、現役サラリーマンの投資家、大家たちで結成されている。彼らが目指すのは、ズバリ、不動産投資によって20代で脱サラすることだ。

この日は、会の代表の薩摩さんが仕入れた中古マンションの見学会が開かれることになっていた。なんと、その価格は0円！　0円の理由は部屋の状態が悪いこと、そして老人の男性が孤独死をして死後1ヶ月経った事故物件であるからだ。

「これより安い物件はないですから」

代表の薩摩さんが、集まった参加者たちに声をかける。20代の若者たちはこれから見に行く物件のことで頭がいっぱいだ。

「0円で物件が買えるなんて普通はないですよね〜」

「買えるというより、物件がもらえるって感じだよね」

茶髪のクルンクルンとした長い髪の女性が嬉しい悲鳴を上げてはしゃいでいる。

「どうやってこんな物件を見つけたんですか？」

早速、参加者から薩摩さんに質問が殺到する。

「事故物件を専門にやっている業者さん（第3章で登場するオージャス代表・白石千寿子さんのこと）にもらったんですよ。こういった0円に近い物件って実は結構あるんです。でも、仲介手数料が取れないので業者さんは基本的にやらないいんですよね」

皆、薩摩さんの説明に真剣に聞き入っている。

当然ながら、ここに集まった投資家たちは自分が住む住居を探しているわけではない。あくまで投資用として見学に来ているのだ。そこでさっきの茶髪の投資家の女性に事故物件のイメージを訊ねてみた。

「私、事故物件って見たことないんですよ。今回が初めてなんです。でも老衰とか孤独死の物件だったらまだいいかな」

自分が住むのは？　と突っ込むと、「うーん、自分が住むのはちょっと……」と悩みながらも正直に答えてくれた。

時間がきたので、岡野さん（仮名・26歳）に不動産投資をしようと思った経緯を聞きながら、皆と一緒に歩いて物件に向かうことにした。彼は、まだ投資用の物件は保有しておらず、週末はセミナーなどに参加して、不動産投資の勉強を積み重ねているという。大卒後、誰もがうらやむ大手ＩＴ企業に勤務して4年目。しかし、ハードな仕事環境や会社への不信があって、いつまでも同じ会社にいられるとは思っていない。話を聞いて感じたのは、20代の若者が抱える将来への漠然とした不安だった。

就職氷河期に社会に投げ出されたロスジェネ世代である私も、彼らの貧乏くじを引かされたくないという気持ちは痛いほどわかった。バブル経験者の大人の空虚な言葉、そして一部の富裕層や勝ち組を除いて決して先の保証のない未来。そこから、会社を辞めたときのリスクヘッジとして、不動産投資にたどり着いたという。

彼らと一緒に駅の近くの幹線道路を横切ると、そこに広がっていたのはやや古い閑静な住宅街だった。駅前には外食のチェーン店がポツリポツリとあったが、駅から遠くなればなるほど住宅の中に時たまコンビニ、そして個人のクリーニング屋などが少しあるだけだ。典型的な郊外のベッドタウンである。

さらに歩いていくと、森や畑の向こう側に大規模に開発された、まるでディズニーランドのような新興住宅地が現れたりしてチグハグな異彩を放っていた。郊外ではよく見かけるいかにもな風景の1つだ。駅から歩いて約20分。そんな住宅街の影にひっそりと佇むかのような丘陵地帯に、巨大なマンション群が立ち並んでいた。

70年代に開発されたおよそ1000戸を擁する団地は、何か1枚の大きな壁のような威圧感を放ちながらも、ひっそりと口を閉ざしている。かつては、繁栄を極めたであろう灰色のコンクリートの群れ。そのコンクリートには、どこの団地にでもあるような、わかりやすい数字が刻まれている。

団地の古さとは対照的に、丁寧に刈り込まれた芝生が印象的だ。団地の周りに目をやると、街路樹は手入れが行き届き清潔感があった。代表の薩摩さんが、そんな団地の1棟の前で立ち止まり、1階のある部屋のドアを解錠した。

頑丈な鉄のドアが開くと、まず、目についたのは、ボロボロに剥がれ、陥没した床のベニヤ板だった。広めのコンクリートの土間の左手には水洗トイレと風呂場、そして、小さな洗面台が備え付けられている。そこに通じる廊下の正方形のベニヤが何枚も剥がされ、砕け散っている。

「ズボッ」

後方を歩いていた男性が誤ってその穴にはまり、腐ったベニヤが床下に崩れ落ちた。

「大丈夫ですかっ？ 気をつけてくださいね」

別の男性が心配そうに声をかける。まるで廃墟のような光景がそこには広がっていた。

「なんか、昔の家の匂いがする～」

さきほどの茶髪の投資家の女性が、部屋に入るなりそうつぶやく。締め切られた部屋からは、確かに少し湿った畳の匂いが漂っている。地元の祖父の家で嗅いだような、どこか懐かしい匂いだった。

このまま土足で部屋に上がるのは申し訳ないと思いながらも、彼らと同じように気にせずに土足で土間を抜け、部屋の畳の上を靴を履いたまま歩いていく。

部屋中ボロボロである。薩摩さんによると、末期ガンを患っていた男性は、テレビを見ていた状態のままリビングで亡くなっていたらしい。このように傷んだ部屋の中で、ガンを患っていた男性は最期を迎えたのである。そう思うと、なんだか切なくなる。

そして、風呂場を覗くと、昔ながらのバランス釜が設置されてある。青い浴槽と白いタイルには、黒いカビがところどころ見えるが、窓がちゃんと光を取り込んでいるので、全体としては明るいお風呂場だった。トイレは全面をコンクリートで覆われ、少し不気味な雰囲気がした。

部屋の間取りは、３ＬＤＫ。陥没した廊下の先には、キッチンとふすまでつながった6畳の和室があり、今はふすまが取り外され、オープン状態となっている。このダイニングキッチンで、男性はテレビを点けっぱなしにし、椅子に座った状態で発見されたのだ。遺品整理業者が全ての遺品を運び出した後とあって、部屋の中にモノはなく空っぽだ。ただ、取り外されたふすまが幾重にも重なって壁に立てかけられていた。

昔ながらのシステムキッチンとあって、シンクも広めの作り。ピンクのタイルが、いかにも昭和の団地のイメージを彷彿とさせる。

発見されたのが冬だったからなのか、死後1ヶ月経っていたという割には、該当のダイニングキッチンには人間の体液らしきものは見当たらなかった。そのためか、部屋全体に悲壮感のようなものは漂ってはいない。死後、この部屋は特殊清掃なども行っていないとのこと。男性が亡くなってから、現状のまま保存されている。部屋が主を失って、途方にくれ、呆けたように、ただ鎮座しているように感じられる。

キッチン部分も、木目調の正方形のベニヤが張られているが、かつてはテーブルなどが置かれていたのだろう、赤茶けた家具の染みが残っているだけだ。キッチンに通

０円物件の室内

床の一部はボロボロになっている

じる6畳の和室は、もはやふすまは取り払われている。

ふすまの下部には、筆で描いたかのような森の絵がプリントされている。どこにでもありそうなふすまは、かつて昔、ここに住んでいた子どもがいたずらしたのだろうか、下の部分だけところどころ破れていた。

ダイニングキッチンから通じるベランダの窓からは、例のごとくきっちりと整備されている芝生と、ほどよく切りそろえられた木々が見える。それは、末期がんの男性が、毎日のように慣れ親しんだ光景だったに違いない。最期を迎えるときも、もしかしたら、あの芝生を見たのかもしれない。

リビングダイニングの左手にある4畳半の和室には、壁紙はなく、茶色い柔らかな網目状の素材がむき出しのままになっていた。そこに白いペンで描かれた大きなハートマークを見つけた。そして、アニメのキャラクターも描かれている。人の名前のようなものも確認できた。そして、不規則な長さの白いテープが壁に貼られている。

きっと、ここは子ども部屋だったのだろう。私はハッとさせられた。昔の子どもたちは、こんな壁にこっそりと落書きをしていたものだ。この部屋の住民がいなくなり、ものが全て取り払われた今、子どもたちの秘密が、全て露になったのだ。

きっと、ここに住んでいた子どもたちはとっくの昔に大人になっているだろう。しかし、とってもかわいらしいこの落書きは、時間が止まってしまったようにこの部屋に残り続けている。まるで、他界した男性の帰りを待ちわびるかのように……。私は、いたるところに男性の家族の思い出の痕跡の残るこの建物に、思いを馳せずにはいられなかった。

私が物件に漂う郷愁に引きずられていたとき、20代の投資家たちは、この0円物件の収益性についての話で盛り上がっていた。彼らは、いかにこの物件をビジネスに結びつけるか、考えを巡らしているのだ。会の主要メンバーが参加者たちに団地のリノベーションについて議論を提起し、参加者たちは誰もが真剣な表情でそれに聞き入っていた。

「皆さんだったら、この物件だとどのぐらいリフォームにお金をかけます？」

「賃貸なら150万円以内かな」

「僕なら、300万ぐらいかけて、プラス2〜3万円家賃を上げちゃう。23区だったら、これぐらいは10万円で貸せますよ。最初にそれをやっとくと後で手がかからないんですよ。長期的に見ればお金を掛けたほうがいいんです」

「あとは場所ですよね。リノベーションして入居者が増えそうな場所とリノベーションしても入居者が増えない場所がある」

「団地は部屋の形がどれも決まってるからリフォームはやりやすい。ただ、修繕費が掛かるから、そこはリスクに直結するので気をつけないといけないです。でも、直しやすいし、値段も手ごろで買いやすい。団地だと、高層階よりも1階のほうが人気があるんですよ。5階とかだと階段がついていない物件も多いですしね」

「団地リノベは無印良品が参入しているし。今後、団地は売れると思いますね。団地は管理がしっかりしていて、芝生もキッチリ整備されている。建ぺい率も余裕があるので、将来建て直したときに大きなマンションが建てられるんですよ。住民が反対したら、このまま廃墟になるしかないけど、そこは運ですね。それをうまく解決すると化けると思う。都内だと、団地は利便性がいい場所にあることが多いから、それを買って持っておくのも手だね」

少ない自己資金でこの物件をどう運用するか——。若者たちの間から様々なアイディアが飛び出す。そんな中、事故物件に残る故人の足跡をたどり、思いを寄せる私とはどこかちぐはぐな思いもする。

この物件を手に入れた、20代大家の会代表の薩摩さんは、工務店を経営している。薩摩さん自身が、不動産投資で脱サラした大家で、シェアハウスやアパートなどを関東圏内に数棟所有している。0円で仕入れたこの物件は、ゆくゆくはリフォームして、自社のモデルルームにするつもりだという。こういったファミリータイプの物件は、今後シェアハウスとして活用できる。このような物件は、そんな20代の若者たちにとって、脱サラへの第一歩を踏むことができる物件となる。彼らが0円物件に注目するのは、もちろん社会人としてまだ駆け出しなため、自己資金が乏しいからに他ならない。そんな彼らにとって、事故物件は投資がしやすいのだろう。

かつて、ここで生活していた末期がんの男性。まるで、子どもと家族の足音が聞こえるかのような生活の名残りが感じられる部屋。壁に書かれたハートマークに、漫画のキャラクター。主観にすぎないが、この物件には家族のぬくもりを感じた。

しかし、今は誰もおらず、廃墟と化し、部屋が朽ち果てているのも事実だ。そして、そんな0円物件は、団地再生の夢を託す若者たちの手に渡った。少し複雑な思いもあるが、結果的にそれは、事故物件の結末としては歓迎すべきことではないかと思う。若者たちの手によって事故物件が再生するならば物件は新しい生を得るような気がする。

今、この0円物件は薩摩さんらによってリフォーム中だ。聞くところによると、どうやらヨーロピアン風のオシャレな部屋になるらしい。かつて、子どもたちでキャッキャッと賑わっていたような、暖かい温度が伝わる団地の一室。私は今の若者たちがアイディアを凝らして、そんな事故物件に再び命が宿るのを楽しみにしている。

第2章 事故物件の基礎知識

賃貸ならば家賃が、売買ならば価格が一般的には安いとされる事故物件。しかし、近年、この事故物件の「告知義務」を巡って様々なトラブルが勃発、裁判にまで発展するケースも増えている。この章では、そもそも事故物件とは何を指すのか、そして、事故物件だとどのぐらい安くなるのか、過去に事故物件を巡ってどんな裁判が起こったのかなどに迫る。

さらに、てる氏の協力の下、事故物件を回避する方法、ズバリ『事故物件の見分け方』について伝授してもらった。

【どんな物件が事故物件なのか？】
事故物件の定義と種類

事故物件というと、自殺や殺人など人の死にかかわる事件が起こった物件というイメージが一般的に強いかもしれない。

しかし、実際には、事故物件の明確な定義は定まっていないのが現状だ。事故物件について説明する前にまず、物件にまつわる「瑕疵《かし》」について説明しよう。瑕疵とは欠陥や欠点を意味するが、これは主に3つに分けられる。

1つ目は「法的（権利上の）瑕疵」。

これは、例えばある土地には建築基準法上、再建築不可であるというように、物件に法的な意味で欠陥があるという場合だ。

2つ目は「物理的（構造上の）瑕疵」。

これは、例えばマンションが傾いているというように、物件に物理的な意味で欠陥があるという場合だ。業界最大手の三井不動産レジデンシャルが販売した横浜市内のマンションが傾斜した問題で、杭打ちデータ改竄を行った旭化成建材が槍玉に挙げられたのは記憶に新しい。

そして、3つ目が「心理的（精神的）瑕疵」。

これは、住む人が心理的に嫌悪するような理由がある場合で、「その他の瑕疵」と言ってもいいだろう。隣に建っているのがラブホテルであるというのも、この心理的瑕疵のくくりになる。

ただ、心理的瑕疵物件の代表格はなんと言っても事故物件である。事故物件の厳密な定義はないが、殺人や自殺といった人の死にかかわる事件・事故が起きた土地・建物という認識は共有されている。

つまり、本書で取り上げている事故物件とは、物件に関する3つの瑕疵のうちの心理的瑕疵がある物件のそのまたさらに一部ということになる。

瑕疵がある物件はワケあり物件・いわくつき物件と一口に言われるが、実は様々な種類があるのだ。

賃貸物件の検索サイトで「告知事項あり」「心理的瑕疵あり」といった表記を見たことはないだろうか。この表記がある場合、事故物件に当てはまる可能性がかなり高い。

では、事故物件だとどのぐらい安くなるのか。

売買物件の場合、物件の所在地や用途などによってももちろん違うが、２割から３割引き、最大でも通常の半額が相場のようだ。

民間の賃貸の場合は、４割引きほど。それも、数年の間のことで時間が経過するにつれて、段階的に通常の家賃に戻っていくケースが多いという。ただし、これらはあくまで事故物件であることが告知された場合のことであり、事故物件であることが隠蔽されて家賃や価格が下げられていないケースが多くあることを頭に入れておきたい。

【公営住宅やＵＲの告知方法】
孤独死でも告知する公営やＵＲ

では、公営住宅やＵＲはどうか。独立行政法人のＵＲ都市機構の場合、住宅内で人が亡くなった物件を「特別募集住宅」として、次の入居者を募っている。この「特別募集住宅」の場合、家賃が1年間、もしくは2年間半額に割り引かれる仕組みだ。

都営住宅は、「病死等の発見が遅れた住宅」及び「自殺等があった住宅」について、「直接受付募集」として特別に募集を行っている。こちらは家賃の割引はないが、事故物件に限った募集ということで、抽選の倍率はおのずと低くなると考えられる。

一方、県営や市営住宅、府営住宅などは、一般住宅と同様に事故住宅と明記して募集をかけているものが多く見受けられる。実際に、大阪府営住宅の通年随時募集住宅一覧を見ると、団地ごとの募集情報の中に一般住宅の中に赤い文字で【事故住宅】と書かれてある。

さらに、サイトでは事故住宅について、「事故住宅とは、前入居者のときに住戸内で孤独死などの人身事故が発生した住宅です」（一部抜粋）と表記してある。

このようにURや公営住宅は、病死もまた、殺人や自殺と同列に扱っているというのが興味深い。つまり、第1章であったような住宅内で孤独死していたケースでも次の入居者に限っては、URや公営住宅は告知して募集しているというわけだ。

試しにネットで「特別募集住宅」と入力して検索してみるといい。

関東エリアのUR都市機構のサイトがだいたいトップに表示され、それをクリックすると「特別募集住宅（先着順）のお知らせ」というページに飛ぶ。

そこにはこう書いてある。

●特別募集住宅は、お住まいの方が住戸内などで亡くなられた住宅です。
●ご入居から1年間、家賃が半額に割り引かれる住宅があります。
●詳しくはURの営業案内窓口（UR営業センター、UR賃貸ショップ、現地案内所）へお問い合わせください。

そして、物件の一覧がずらりと記載してある。

平成27年11月24日現在の状況を次のページに引用する（一部を省略した）。

一般向け住宅

団地名	所在地	型式	本来家賃（円）	割引後家賃（円）	割引期間	共益費（円）
グリーンタウン小金井	小金井市緑町	2LDK	148,100	74,050	1年	6,400
高島平	板橋区高島平	1DK	64,000	32,000	1年	2,700
小平	小平市喜平町	3DK	71,300	35,650	1年	2,230
永山	多摩市永山	1DK	45,100	22,550	1年	2,500
青戸第五	葛飾区青戸	2DK	89,500	44,750	1年	3,400
グリーンヒルズ東久留米	東久留米市上の原	1LDK	92,800	46,400	1年	4,280

このような情報が東京、千葉、埼玉、神奈川とエリアごとに掲載されている。

例えば、高島平の物件は、1DKで6万4000円のところが3万2000円と通常の相場ではあり得ない賃料になっている。共益費を入れても3万4700円にしかならない。

「人が死んでいても消毒していて臭いもなければ大丈夫」という人であれば、どこかの風呂なしぼろアパート並みの賃料で住めるというわけだ。

【民間の場合は告知しているのか？】

民間賃貸の「孤独死は告知しない」慣例

対して、民間のアパートやマンションはどうか。殺人や自殺があった物件は1人目の入居者には告知されるのが業界の慣例になっている。しかし、公営やURで告知していた孤独死に関しては、残念ながら次の入居者に告知されることは少ないのが現状だ。

てる氏によると、孤独死の場合、基本的に告知するかしないかは、不動産屋によって、まちまち。教えてくれるのは良心的な業者と捉えていいという。もちろん、たとえ病死であっても次の入居者に告知する親切な業者も中にはいる。第1章で登場した青木さんがそのケースだろう。しかし、実際はというと、自殺や殺人があった事故物件と違って、次の入居者には告知しないのが業界の平均的な感覚らしい。

つまり、孤独死や自然死の場合、仮に業者がその事実を知っていたとしても、何も言わずに次の入居者を募るケースが多いというわけだ。当然ながら、自殺や殺人のあった物件と違って家賃が減額されることもない。

つまり、死後何ヶ月も経って、死体が物件内でいくら腐敗し、もはや原形をとどめないほどにドロドロになっていようとも、次の入居者には何ら明らかにはされないことも多々あるということだ。

では、事故があった物件かどうかをあらかじめ仲介業者に聞くという手はどうだろう？

これももちろん一定程度は、有効だろう。しかし、てる氏によるとそもそも事故があった事実そのものを仲介業者のみならず、物件の管理会社が全く知らないケースもあるという。大家や遺族が隠蔽してしまうからだ。宅建業法上の告知義務が課せられているのは、仲介業者だ。しかし、事故があった事実を仲介業者だけでなく、物件の管理会社さえ知らないとなると、いくら事故がなかったか聞いても知らないものは、告知しようがない。

つまり、物件を管理している管理会社さえも、事故があったことを知らないまま、物件を斡旋してしまうことさえあるのだ。これは、事故があった物件を何も知らずに、しかも通常と変わらない家賃で住んでしまうということを示唆している。

【事故物件公示サイトがもたらした変化】

事故物件を可視化できる時代になった

あなたがこれから借りようとしている物件や購入を検討している物件で孤独死があったとしたらどうだろうか。「気にしない」という人もいると思う。それとも「家賃が安くなるならいい」と思うだろうか。逆に「孤独死があった物件だったら借りていなかった」「事故物件自体に絶対に住みたくない」という人もいるだろう。しかし、事故があった事実を売主や大家に隠蔽されてしまったら、私たちは結局為す術がない。

そんな事故物件をグーグルマップにしたのが、本書の案内人である大島てる氏が２００５年に開設した、日本最大級を誇る、事故物件公示サイト「大島てる」だ。大島てるは、日本のみならず、海外の一部までこの「心理的瑕疵」にまつわる殺人、自殺、孤独死などのあった物件の住所や死因を公表している。爛々と輝く炎マークのピン。これらは、全て「死」にまつわる事件や事故があった場所だ。

このサイトは、誰でも自由に投稿・閲覧ができる仕組みになっている。投稿して誤りがあれば利害関係者から指摘がある。そのため、悪意のある投稿があった場合は、すぐに他のユーザーから指摘されることで修正が加えられていく。都内の物件を適当に検索してみればこのサイトのすごさがわかる。

グーグルマップ上の炎マークのピンをクリックすると、例えば「平成20年○月○日／東京都渋谷区○○一丁目○－○○○３０１／火災による死亡」などと表示される（本書では○部分をあえて伏せています。以下同じ）。正確な住所と事件の発生日、死因などをしっかりと確認することができるのである。ただ、物件によっては「２００９年／東京都渋谷区代々木四丁目○－○／死体発見」と年数と死体が発見（自殺か病死か不明）されたことしかわからなかったり、「２０１５年８月／東京都渋谷区本町○丁目○－○／2F　告知事項有り」とだけあるピンもある。

しかし、少なくともその物件に「告知事項がある」ことはわかるのだから、もし自分が今住んでいる物件が当てはまるのであれば、この情報に基づいて仲介業者などに問い合わせることは十分可能だ。まさに、管理会社や大家の敵のように感じるこのサイトだが、取材を重ねるにつれてそれは間違いだという思いを新たにした。

第3章で登場する事故物件を専門に取り扱うオージャスの代表、白石千寿子氏は、「人は誰でも死ぬ。それは家か、病院かだけ。何も特別なことではない」――そう前置きしたうえで、「私の物件が大島てるに載るのは全く怖いことではない。今は、何でもインターネットでオープンになる時代。不動産業者が、事故物件の開示を恐れて大島てるを敵視する必要は全くない」と語る。

つまり、自らも不動産業として、必要な情報は開示すべきだという立場だ。

20代大家の会の代表の薩摩さんも、たとえ病死であっても、事故物件は当然告知すると明言している。裁判になる可能性を考えると、あらかじめ告知しておくに越したことはないと薩摩さんは語る。このように当たり前のようにインターネットで大島てるを見て育った20代の投資家たちは、とてもクールに時代を見据えているように思う。不動産関係者の考えも時代によって少しずつではあるが、変わりつつあるのだ。

【裁判所は瑕疵をどう判断しているか？】

事故物件の裁判からわかること

しかし、事故物件であることを知らずに借りてしまったり、買ってしまったらどうすればいいのだろうか。また、仲介業者さえもその事実を知らずに、物件を売買して、あとでその事実を知ってしまったら……？　事故物件において、告知義務を怠ったために、宅建業者が損害賠償請求をされるケースが過去にはある。

買い手が善意無過失（落ち度なく知らない）ならば、これらは「隠れた瑕疵」と言われる。心理的瑕疵の物件の裁判では、個別のケースによって、それぞれの判断にばらつきがあり、なかなか断言できない部分があるのが現状である。殺人事件ならば、事件が起こってから何年まで告知すべきだとか、マンションならば、隣や他の部屋にどこまで告知すべきだという明確な基準はまだ定まってはおらず、曖昧であるが概ね義務はなしというのが、大まかな裁判所の判断となっている。

では、それら諸々の事情を踏まえたうえで、心理的瑕疵が認められる材料とは一体どういうものなのだろうか。以下の記述（引用を含む）は、『不動産取引における心理的瑕疵の裁判例と評価』（宮崎裕二ほか著、プログレス刊）に基づく。

まず、ざっとポイントを説明すると、物件のある場所が都会なのか、それとも田舎なのかで大きな違いが生じることが挙げられる。これは例えば、人の入れ替わりが激しい都心部の物件だと、人の記憶も薄れやすいとの判断が働いている。そのため、心理的瑕疵の度合いも低いとされるのだ。しかし、田舎だとたとえ何年経っても、殺人や自殺などの記憶がそこに住む人々の間で、風化せずにずっと残り続けることが多いことから、心理的瑕疵の度合いが高くなるとされている。

2つ目は、死因が自殺であるか、他殺であるかだ。当然ながら、病気を苦にした自殺と凄惨な殺人事件では同じ死でもやはり住み心地に影響するとされるからだ。

そして、事故が起こってからどのぐらい経過しているかも重視される。契約をした日に近い日にちに自殺などが起こった場合、それは、心理的瑕疵として認められるケースが多い。逆に何十年も経過していた場合、一般的に心理的瑕疵は薄れてくるとされる。

さらに、事故があった建物がすでに取り壊されているかどうかなどは、心理的瑕疵の程度を判断する上で、重要な判断材料となってくる。つまり、一般的に自殺や殺人があった建物がすでに取り壊されて土地だけになっている場合は、心理的瑕疵は認められていないケースが多い。建物が無くなったから、いいじゃないかという考えだ。

また、居住目的なのか、店舗なのかによっても違ってくる。家族などで住む場所としては瑕疵があるが、お店として使用するのだったら、それは薄れるというのが一般的な判断だ。

事故物件の裁判例では、個別のケースを鑑みながら、これらを総合的に見て判断している。それでは具体的に見てみよう。

【病院に搬送後に死亡したケースはどうなるのか？】
部屋で亡くなっていなくても瑕疵になる

まずは、自殺や殺人などの不幸な出来事があった場所が入居する予定のマンションの共有部分なのか、それとも部屋の中なのかという問題がある。

同書は、「当然ながら、自殺等の発生が目的不動産に近ければ近いほど、そして、自殺等が居住空間で発生したのであれば、それ以外の部分（ベランダや庭等）で発生したよりも心理的嫌悪の度合いが大きくなる」とする（61頁）。

けれども、部屋の中で自殺を試みたが、（部屋では意識を失っただけで）その後病院にて死亡したといった場合は、それも事故物件＝瑕疵となるのだろうか？

事案の概要はこんな感じだ。

「Xが、平成17年12月に不動産販売業者Yから2億2000万円で賃貸マンションを買い受けたが、7、8階に住んでいた元所有者の娘Aが平成16年1月に居宅で睡眠薬を多量に飲んで病院に搬送され、その2～3週間後に病院で死亡したことが判明したため、隠れた瑕疵があるとして瑕疵担保責任、もしくは調査義務・説明義務違反があるとして代金の2割に相当する4400万円の損害賠償請求をした」（同書、46頁）

判決では、睡眠薬を多量に飲んだ場所は居宅であったものの、その後2～3週間は生存していたにもかかわらず、「死亡そのものは病院で死亡したとしても、一般的には、死亡の原因となった行為がなされた場所で、すなわち、（中略）睡眠薬自殺があったといわれても、誤りとまでいえない」と言っており、結論として「売買代金の1パーセントに相当する220万円の損害額」と心理的嫌悪の程度を小さく評価し、「極めて軽微な」と前置きはしたが「瑕疵」に当たると判断している（以上、同書、47～48頁）。

次を見てみよう。

地方の農村にある土地と建物を買い受けたものの、健康上の理由で住むことが困難になり、手放そうとしたところ、約7年前に元所有者が建物の付属の物置内で農薬を飲んで自殺を図って4日後に病院で死亡したことがわかった事案だ（同書、13～14頁）。

判決では、「Aが農薬を飲んで自殺行為に及んだ物置は、売買の対象である本件土地の上にあり、本件建物に付属しているものであるから、死亡した場所が病院であったとしても、右自殺が本件土地及び建物と無関係であるとする被告の主張は理由がない」として「物置」を心理的嫌悪の対象にしている（同書、14頁）。

つまり、必ずしも物件内で死亡していなくても、「死亡の原因」となる事件がそこで発生していれば、「瑕疵」とされる可能性があるというわけだ。

しかし、これには先ほどご紹介したように、さまざまな要因が絡んでいる。

まず、この2つのケースはともに「売買」であるということ。

数千万円あるいは数億円を支払って購入したのはいいが、「心理的嫌悪」があるために買い手が付かない物件だと、購入した側のリスクが高いことは一目瞭然だ。しかも、転売や賃貸収入を目的とした場合よりも、毎日そこで生活する「永住」を目的とした場合の方が、精神的ダメージが大きいということもあるようだ。

事実、元所有者が農薬で自殺した物件では、「本件土地建物の購入を希望し、登記の日取りを決める段階まで話が進んでいた者のみならず、現地見学に行った他の客も全て購入を辞退し、さらに、問い合わせてきた客も、自殺の事実を告げるといずれも売買は不成立に終わった」経緯を重視し、「土地及び建物にまつわる嫌悪すべき歴史的背景に起因する心理的欠陥といえる」と指摘。そのうえで、買い手のXがそのことを知っていれば絶対に購入しなかったことを認めている（同書、15頁）。

都心のマンションであっても、これまでの裁判例では原告勝訴が多い。

例えば、永住目的で夫婦が購入した中古マンションで、6年3ヶ月前に居宅のベランダで売主の妻が首吊り自殺をしていたことが後で判明したというもの（同書、39頁）。こちらは、大都会にある都心のマンションであり、人の出入りも激しく、先のような地域性（住民の記憶）の点からも、「心理的嫌悪の度合いを否定する事情となり得る」（同書、42頁）にもかかわらず、契約解除と支払い済みの手付金と違約金の支払いが認められている。

この裁判例では、永住目的でこのマンションを購入したということだけでなく、居住していたのが子ども2人を含む家族4人であること、さらには首吊り自殺をした売主の妻の家族がその後も同じマンションに住んでいたという事情を重視している。それは判決において「居住目的からみて、通常人においては、右自殺の事実を知ったうえで買い受けたのであればともかく、子供も含めた家族で永続的な居住の用に供することはなはだ妥当性を欠くことは明らか」などとあることから読み取れる（以上、同書、40頁）。

もし、自殺した者の家族がその後どこか別の場所に住んでいれば、また裁判の結果も変わったかもしれないが、大都会とはいえ、事件後もそれを知る関係者が同じ建物内に住み続けていたことなどが影響したもようだ。

それにしても、6年3ヶ月前の自殺があった物件で、しかもベランダで起こった場合でも「通常人においては」「永続的な居住の用に供することははなはだ妥当性を欠く」(同書、40頁)と言い切って、一般的に見た場合に住み心地の良さを欠き、住むのに適さないとジャッジしているのは適当なのだろうか……。

自殺があってから6年3ヶ月という期間をどう捉えるかは、人それぞれだと思われる。これは短いのか、長いのか。それは微妙なところだろう。しかしながら、この裁判例では、6年3ヶ月前という期間もさほど長期であるとは判断されなかった。それはやはり、繰り返しになるが、「縊死自殺」という中身と、それを知る関係者(家族)が依然として同じ建物内にいるという点を加味しなければならない。たとえ都会であっても記憶が風化しなければ年数は理由にならないということなのだろう。

【事件や土地によって判断もさまざま】
半世紀前の猟奇事件でも瑕疵になる

また、先ほど「自殺や殺人があった建物がすでに取り壊されて土地だけになっている場合は、心理的瑕疵は認められていないケースが多い」と述べたが、すでに建物は取り壊されてはいたものの、その建物があった土地を「隠れた瑕疵」と認めたケースもある。しかも、これは約50年も前に起こった殺人事件であった。

しかし、裁判所は殺人事件の記憶が、いまだに地元住民の記憶に残っている点を重視したらしい。だが、建物すらないのに半世紀の前の事件が瑕疵になるというのはちょっとすごい話だ。

少し長いが引用する。

「約50年前に発生したものであるから、場所的に本件土地と直接結びつくものではなく、また時間的に人々の記憶から薄れるほど遠い昔のことといえなくもない。しかし、本件事件が単なる殺人事件といったものではない特異な猟奇性を帯びた事件であったこと、また本件事件の発生した場所が東京都下の農村地帯であったことに鑑みれば、本件事件は単にその事件が発生した建物においてのみならず、その事件が発生した屋敷・地所とともにそれに関連して深く地元住民の記憶に残されたであろうと考えられること、現に、本件においては、事件発生の建物が取壊された後も、40数年にわたって、本件事件は放置された本件現場土地とともに地元住民の記憶の中に忘れずに残っていたことからすれば、本件事件が本件土地と直接結びつくものではないとはいえず、本件土地は、本件売買契約当時、本件事件の影響を色濃く残していたため未開発のままであった土地であると言わなければならない」（同書、27頁）

そのうえで、このような事情を知らされずに土地を購入した買主が、近隣住民との付き合いを続けていかなければならないことを考えると、「住み心地の悪さ」「住みたくない」と感じるのは、一般人においても同じだろうと判断している（同書、27頁）。

つまり、建物はなく、事件から半世紀過ぎていようとも、近隣住民はこの土地で起こった「特異な猟奇性を帯びた事件」のことを知っており、誰もその土地に手を出そうとしないという事情があれば、当然、何も知らずに都会から引っ越してきた買主には、新居を構えて生活し始めた後も、その「噂」やそれに付随したイメージに振り回され、ある種の被害をこうむることまでを想定したようだ。

これではなかなか告知の目安というのは立てにくい。

では、個別のケースごとに検討するのではなくて、民法の消滅時効などのように一律に心理的瑕疵が存在するという、明確な期間を法的に定めることはできないのだろうか。

しかし、これはいざ自分が当事者となればなかなか一筋縄ではいかないように思われる。仮に、第1章で記した私自身が購入しようとした新築建売がこの法律によって告知されなかったら？　と考えてみよう。自殺があったのは、車の中で、しかも協定道路部分である。だから、告知義務はないと法律で一律に定められたら？　果たして、その事実を知らないままに土地や建物を購入させられたらと思うと、やはりそれはそれで嫌かもしれない。

土地そのものに瑕疵があるのであれば、10年前だろうが20年前だろうがとりあえず告知しておくべきだろうと個人的には感じる。消滅時効のようなものを作ったところで付近の住人はその事実を知っているはずだからだ。

そして、ずっと噂されるかもしれない。「昔、あそこで自殺があったのよ」なんて。それを法律を盾に取られて何も告知されないで購入してしまう……なんてことがあったら、それはやはり酷いと思う。人は、負の記憶ほど残り続けるものだ。それを考えると、心理的瑕疵のある物件を個別のケースで判断されるのも妥当な気がしてくる。

50年経ったから、いいだろうと他人事のように思っても、自分が住む側になれば期間によって割り切れるものではないからだ。現に私の地元の住宅地でも、30年以上前にあった実家の近くの自殺の物件が、いまだに話題に上るのを知っている。特に地方であればあるほど、田舎であればあるほど噂は根強く、忌避感覚も大きい。買うなら、全ての事情を知った上で買いたい。それが人間の心理だと思うからだ。

【告知義務の期間】

2年経てば告知しなくていいのか？

さて、売買物件の話が長くなってしまったが、賃貸の場合はどうなるのかに目を向けてみたい。

今から5年ほど前の事件になるが、マンションの部屋で前の借主である女性が自殺したことを告げずに賃貸したのは不法行為だとして、オーナーに損害賠償を求めたケースで、裁判所はこのオーナーに対し賃料や慰謝料などの支払いを命じる判決を下した。

当時の記事を引用する。

マンションの一室で自殺があったことを告げずにその部屋を賃貸したのは不法行為だとして、部屋を借りた男性が家主の男性弁護士（兵庫県弁護士会所属）に約144万円の損害賠償を求めた訴訟の判決が28日、神戸地裁尼崎支部であった。杉浦一輝裁判官は「告知すべき義務があったのに、意図的に告知しなかった」として、弁護士に賃料や慰謝料など約104万円の支払いを命じた。〈〈自殺告げず賃貸〉「家主の弁護士に賠償命令　地裁尼崎支部」毎日新聞　2013年10月29日（火）7時22分配信）

オーナーの男性弁護士は、2011年5月にこのマンションの一室を競売で取得したが、その3日後にそこに1人で住んでいた女性が死亡。翌年8月、オーナーはその事実を一切告げないまま借主の男性と賃貸借契約を結んだが、男性が近所の住人から自殺の話を聞いて（飛び上がるように驚いたのだろう）すぐに退去したそうだ。

記事の続きには裁判所の判決文が引用してある。

（前の借主の）女性の遺体を警察官が搬出し、住人らが自殺と認識していたことなどを挙げ、「一般の人でもこの部屋は居住に適さないと考える。部屋には、嫌悪すべき歴史的背景に起因する心理的な欠陥という瑕疵《かし》がある」と判断。女性の死後に弁護士が部屋のリフォームを指示したことから、「部屋の心理的な瑕疵の存在を知らないことはあり得ない」と指摘した。（同右）

これは相当に悪質なケースと思われる。

ただ、自殺が発生してから1年3ヶ月しか経っていないということを考慮に入れなければならないだろう。

告知義務が問題となる期間について、過去の裁判例を参照すると、大都市のマンションの一室で自殺が発生した事案で「2年程度経過すると瑕疵と評することはできなくなる」としており、前掲書（『不動産取引における心理的瑕疵の裁判例と評価』）の著者は、「これからすると、賃貸事例について告知義務を負う期間は、1契約期間に相当する2年ないし3年ということになり、売買事例と比較して極めて短いといえる」と評価している。

死に対する考えは、人それぞれだ。

事故物件が平気な人もいるが、やはりできるなら住みたくないという人のほうが多いはずだ。そういう人たちにとっては、賃貸物件の一般的な慣習とされる1人目だろうが、2人目だろうが、きっと関係ないだろう。筆者が購入を検討した新築建売の営業マンの言うように、何を〝瑕疵〟とするかは個人の考え方によるのではないか。しかし、賃貸の場合、事故物件の告知義務は1人目のみで、2人目以降は告知しなくて良いというのが慣例になっている。

そもそも賃貸物件においての事故物件の1人目告知という慣例は、いつ頃できたのだろう？　てる氏によると、そもそもこの1人目告知が不動産業界で慣例になったのは、東京都内のアパートで、自殺した借主の連帯保証人に対して損害賠償請求を行った裁判だ。

東京地裁は、この裁判で「1人目の賃借人には告知しなければいけないが、その賃借人が退去したら、次の入居者に対して告知する義務はない」という判決を下した。それに基づいて賠償請求が認められたわけだ。これは、そもそも連帯保証人である遺族が、過重な負担を負わないためだと考えられる。

しかし、この裁判が元となり、不動産業界に1人目告知の慣例が生まれたのだ。なんとも不合理な話だが、この慣例を逆手にとって、短期間だけ社員を事故物件に住まわせる業者もいるというから驚きだ。

ちなみに、これはあくまで業界の慣例であって、裁判で争ってその理屈が通用するかどうかは別問題だとてる氏は語っている。つまり今後の裁判によっては、この1人目告知の慣例が覆される可能性があるのだ。

【事故物件の特徴】
事故物件を見抜く方法はあるのか？

今回の取材を経ても大島てるに投稿される事故物件は、氷山の一角といった印象がある。できるだけ、事故物件であることを隠して、高い賃料で入居させたい。それが大家や不動産屋の本音だろう。

では、そのような事故物件であることを、入居する側はどのように見抜いたらいいのだろうか。てる氏は事故物件を見分けるコツについて、次のようにアドバイスする。

まずは、不動産屋に案内されたときに、他の部屋に比べて、異様にリフォームされているということ。これは、事故物件の可能性を疑ったほうがいいとのこと。

当然ながら、物件の内覧では事故物件かどうかはわからない。事故のあった物件は、床下に体液が染み込んでいるなど、物件そのものの損傷が激しいことが多い。体液がフローリングの下まで染み込んだせいで、通常は行わないフローリングの総取替えをしていたら、フローリングはピカピカで新品になっているはずだ。

また、浴室で自殺していたら、浴槽ごと新品に取り替えるなどのケースもある。これは、第3章に登場する実際に自殺の遭った事故物件に住んでいた菊池さんの例にもそっくりそのまま当てはまる（もっとも菊池さんは、事故物件であることを事前に管理会社から告知されていた）。

部屋は普通でも、通常ならば取り替えないような一部の箇所が丸ごとリフォームされている場合も要注意というわけだ。

2つ目は、アパートやマンション名が最近、急に変更したというケースだ。殺人事件などで、新聞などで繰り返し物件名が報道されて有名になってしまうと、それだけでイメージがついてしまい、入居者が減ることも考えられる。

また、物件名がインターネット上に残り続けるということも影響している。そこで物件名を丸ごと変えてしまうのだ。また、事故物件の場合、アパートの塗装を急に全面的に塗り替えていることもある。これは、少しでもイメージを払拭したいという狙いだろう。

3つ目は、1人目には告知するが、2人目には言わないという不動産業界の慣例を悪用したケースだ。定期借家契約などで、更新を2年などに定めて、1人目を追い出し、2人目からは、通常の家賃に戻すというケースだ。場合によっては、先に少し述べたように会社の社員を数ヶ月住まわせてその後、何事もなかったかのように貸し出す業者も中にはあるという。他にも、家賃が相場よりも安い物件も、事故物件の可能性が高い。

ただし、これらの項目が当てはまるからといって、当然ながら必ずしも事故物件であるとは言えない。今後、更なる情報化の発達によって、不動産業界にとって、大島てるのようなサイトの発達には抗えないと感じる。事故物件を巡る裁判も増えるだろう。事故物件を隠蔽するのではなく、初めから貸す側、借りる側の双方にとって結果的に良く、共存していく道がよいのではないだろうか。

【尼崎事件から見る事故物件】

競売物件と事故物件の切っても切れない関係

先日ネット上でも一躍話題になったのが、兵庫県尼崎市であったいわゆる〝尼崎事件〟の競売物件だ。

競売物件と事故物件は、切っても切れない関係にある。競売物件とは、マンションや一戸建てなど、住宅ローンの返済が滞ったなどの理由から債権者から競売を申し立てた物件のこと。市場価格よりもかなり安く手に入るが、その分、裁判所には物件そのものの引渡し義務がないなど、購入する側のリスクも大きい。所有権は、裁判所が移転してくれるが、そのまま前所有者が居座っているケースもある。そのため、退去の交渉は当事者間で行わなければならない。

最高裁事務総局が運営する不動産競売物件サイト「ＢＩＴ」をご存知だろうか。

このサイトでは、各地方裁判所の不動産競売物件についての情報を提供している。これらは、誰でもアクセス、閲覧できる。競売物件が事故物件だったケースもある。

ＢＩＴのホームページ　http://bit.sikkou.jp/app/top/pt001/h01/

そこで注目を集めることになったのがいわゆる〝尼崎事件〟が起こったとされるマンションだ。尼崎事件は、２０１２年10月に兵庫県尼崎市で起こった連続変死事件で、主犯が60代女性で彼女率いる「ファミリー」のインパクトが強烈だったので覚えている方も多いだろう。事件の裏側に迫った『家族喰い——尼崎連続変死事件の真相』（小野一光、太田出版）というノンフィクションも出版されているので目にした方もいるはずだ。この事件が起こったマンションは、実はその後、競売に掛けられていた。

かつてのＢＩＴの中の写真には、当時のマンションの内部が生々しく写し出されている。緑色の入り口のアーチ、そして、いたるところに物が散乱した部屋、花柄の派手派手しい装飾のソファーや家具。さらには、風呂場には洗濯物がこれでもかと干されている。そして、バルコニーに置かれた人の背ほどもある物置。ここが監禁部屋として知られた事件現場なのだろうか……。そう考えると、ゾッとさせられる。

競売物件にはこれ以外にも様々な事故物件が溢れている。このように、競売物件と事故物件との結びつきが深い理由にはワケがある。競売物件は、競売に付されているということ自体が住宅ローンが払えなかったり、借金のトラブルや殺人事件や事故に関わっている人が住んでいることが多いことを示唆しているのだ。そういった事情もあり、思いつめて物件内で自殺するといった事件が起こることもある。

現に、ＢＩＴには、殺人事件の現場となった物件が、血痕が飛び散ったままの状態で写真に収められているケースもあった。しかし、競売物件は相場価格よりは概ね安いこともあって、業者だけでなく安い物件を狙う人には狙い目だと言える。何かと話題の競売物件だが、最近は個人の投資家などもその安さから、投資用物件として目をつけているという。

第3章 事故物件関係者リアルインタビュー

自殺や殺人、孤独死などが居宅で起こると、警察、清掃業者など、様々な立場の人たちが1つの物件に必然的に関わってくることになる。最近では、これまでごく普通の清掃の仕事を請け負ってきた人たちの中からも、自殺や孤独死などで傷んだ室内の原状回復を行う特殊清掃業の仕事にまで手を伸ばす人たちも増加している。

この章では、警察ＯＢや事故物件の特殊清掃を生業にする人、さらには事故物件を専門に取り扱う不動産業者など、事故物件を取り巻く様々な職業の人々にインタビューを敢行。今までなかなか見えてこなかった彼らの仕事から明らかになった事故物件のもう1つのリアルに迫る。

さらに実際に事故物件に住んでいたことのある住人たちにも登場してもらい、事故物件に住むことになった経緯から、その住み心地までを率直に語ってもらった。

【事件現場はズバリこうなっている！】警察ＯＢの事件現場の話

殺人、自殺、孤独死などがあった場合、大家や管理会社からの１１０番や通報を受け、最初に駆けつけるのは警察である。警察は、事故物件で一体どんなことを行っているのか。そして、どんな流れで遺体を運び出しているのか。普段はなかなか垣間見られない現場の生々しい話を元警察ＯＢの佐藤さん（仮名）から聞いた。

佐藤さんは、警察の部署の中でも、もっとも事件現場＝「死」に近いと言われる刑事課に所属していた。つまり、佐藤さんは日常的に死に接してきた警察官だ。刑事課の中で強行犯係は殺人、強盗、強姦等の凶悪犯罪を専門に扱う部署で、凄惨な現場に立ち会うことも日常茶飯事だったという。事故物件における警察の仕事とは、死体を扱うこと、そして、身元を捜すことだ。

佐藤さんによると、通報は、主に2パターンに分けられる。１１０番で入る場合と、アパートやマンションの大家または管理人からの通報だ。郵便受けに新聞が溜まっている。あるいは、異臭がするなど近隣の住民から通報が入る場合もある。浅草などの下町地域だと、近隣の住民が「なんか、あの家から異臭がする」「あのアパートの一室にチラシや新聞が溜まっている」などと、直に最寄りの警察署に駆け込んでくるケースもあるらしい。その中でも殺人など、事件性がある通報は、１割にも満たないと佐藤さんは言う。残りは事件性のない自然死や自殺などだ。

警察は捜索令状がない限り、一般の住宅に勝手に入るわけにはいかない。ましてや住宅には、鍵が掛かっている。部屋を開けるときは、大家か管理人に必ず立ち会ってもらう。確実に事件性がある場合は、管理人なども全て排除するが、事件性があるかわからない場合には、管理人や大家が立ち会って鍵を開けてもらうのが原則となっている。部屋に入ると、まず警察がすることは、遺体の状況確認だ。

「私が警部補のときに、１１０番で入ってきた事案では、木造アパートに入ると廊下をですね、すごい数の蛆が這っているんですよ。そして、そのアパートの部屋のほうに蛆が入っていくわけですよね。部屋の隙間からも匂ってきましたし。そうすると、これはもう、死んでいるなとわかるわけです」

遺体は、1~2時間すると硬直するが、7時間、8時間経つと硬直が徐々に緩んでくる。その状態や部屋の室温や状況を見て、遺体が死後何時間、何日間経っているのか、推定日時を割り出していく。

ハエが飛んでいた場合は、ハエが遺体に卵を産んでいると考えられる。それらの蛆の状態も、死後経過日の重要な参考資料になる。例えば、ハエが卵を遺体に産みつけたとして、それが孵化するまでの期間は決まっている。そのサイクルは繰り返されるため、何回目に孵化した卵なのかを特定したり、蛆の大きさを測るなどして、遺体が死後何日経過しているかを割り出すことが可能なのだ。これらの遺体に起こる現象によって、死因を探っていく。

遺体は、グレーのシートに包んで署に持っていき、捜査員が見分した後、鑑識課の検死官が詳しく調べる。

「我々は、医学の専門家ではないので、死因の判明につながるような現場の資料を持ち帰り、監察医に提供することで正確な死因などを判定してもらうんです。『先生、死後どれぐらい経ってますか?』『死後2ヶ月ぐらいかな』というふうにね。自分たちでも死因の推定はするけども、最後は監察医に見てもらって、死後何ヶ月経っているかを特定していくんです」

遺体を車の中に運んで直接載せるため、場合によっては、車の中で、シートから飛び出た蛆が這いずり回ってウヨウヨしていることもある。そういう場合は、署に戻ったら、丁寧に車を水で流して洗浄する。それも警察の仕事のうちだと佐藤さんは語る。

「そういうこともやるんですよ。昔は、警察の仕事は不浄役人とよく言ったものです。人間の死を扱わなければいけないのですから」

現場検証は、ドラマなどでは物々しいイメージがあるが、実際は淡々と行われていく。そのため、アパートやマンションなど、両隣の住人が全く知らないうちに遺体が運び出されることもよくあるという。

「隣の人が朝出て夕方に帰ってきたとする。昼間にその事件を扱ったら、全くわからないんじゃないかな。ポストにチラシが溢れていたのに、帰ってきたら無くなってる。どうしたのかな？　とは思うけど、それ以上は詮索しなければなにも知らないですよね。遺体が腐乱して、臭いもして、隣の人が気が付いて通報した場合は別ですが。自殺や病死だと、両隣の人が全く知らないうちに、全てが終わっていることも多いと思いますね」

遺品の中の連絡先を全て調べて総当りで連絡して身元をたどっていくのも警察の仕事だ。事件性がないと判断された場合、警察ではできるだけ遺体を遺族に引き渡すというのが原則になっている。アパートやマンションで一人暮らしなどの場合は、賃貸契約書の保証人の欄を当たることでたいていの親族に連絡がつく。

都営住宅に一人暮らしで、隣近所とも付き合いがない、さらに家族とも離縁している。そのようなケースでも身元のほとんどは割り出せると佐藤さんは言う。都営住宅に入居するには、ルートがあるのでそれをたどることで身元を割り出すのだ。

検死で外傷がなく、事件性もないなどして、病死などと判断されればその時点で体を拭いて棺に入れて、遺族などに連絡をして引き取ってもらう。身元が全くわからない場合は区の担当部員に「不明死体がでましたのでお願いします」と電話して、そちらに引き継ぐ。区のほうで火葬して、無縁仏の墓地に入るのだ。

「私たちは、なんとかして、遺体の身元を捜してあげたいと思っています。場合によっては歯型で身元がわかる場合もあるんですよ。歯医者がわかればカルテが残ってますから」

呼ばれた遺族は、遺体を引き取る必要がある。例えば、遺族が遠方に住んでいた場合、そのまま遺体を地元に運搬するわけにはいかない。そのため、警察は葬儀屋が複数入っているので、葬儀屋を紹介することもある。遺族と葬儀屋を小部屋に案内して、その後のことを話し合ってもらうのだ。

「警察と葬儀屋の癒着だと言われると嫌なので、私の場合はあえて席を外していましたね。葬儀までやるのか、田舎まで遺体を運ぶかなど、葬儀屋と遺族の話し合いに私はタッチしないようにしていました」

遺族に遺体を引き渡した段階で、警察の仕事は完了となる。

佐藤さんが、遺体を初めて扱ったのは、35歳のときだ。初めて嗅いだ人の腐った臭い、いわゆる死臭は独特だった。脂が腐ったような、嫌な臭い。これは仕事だ、逃げるわけにはいかないと自分に言い聞かせた。

「そういう現場に入るたびに最初はウッとなります。でも、面白いもので鼻が慣れちゃうんですよね。最初部屋に入ったときにみんな、臭いにウッとなるんだけども、しばらくすると、慣れて平気になる。コーヒーの香りが、最初はつんとするけど、慣れてしまうのと一緒ですよ。麻痺しちゃうんです。やっているうちにすぐに慣れるから不思議ですよね」

腐乱した人間の死臭は体にまとわりつき、現場を離れても、洗い流さない限り落ちることは無い。特に髪の毛にはよく臭いがまとわりつき、残留するという。署に戻っても、すれ違う人が振り返る。さらに仕事が終わって電車に乗ると、周りに乗り合わせた乗客が顔をしかめたこともあった。

そのため、腐乱した死体を扱うと事前にわかっている場合は、上着と最低限の肌着を身につけて現場にいくこともあった。家に帰ったらそのまま最低限の衣類を洗濯できるようにするためだ。

仕事で人の死と常に隣り合わせだったこともあり、人の死に対しては、佐藤さんは並々ならぬ思いがある。

「孤独死や身内がいない人、あとはホームレスの人の最期を看取ることもある。いくら調べても、最後まで、身元も全然わからない。そういう場合は、遺体を警察に持ってきて、死体を調べるんですが、そのときに合掌するんです。目の前にいる人の人生の最後を我々が看取っているんだ、これは私がやらなくてはならない仕事なんだという思いですね」

人の人生の結末を看取るのが自分たち警察なんだという自負。いくら目の前の遺体が腐乱していても、異臭を放っていても、不思議と汚いという思いを抱いたことはなかったという。どんな遺体に対しても、ご苦労様でしたという気持ちを心の中で唱えて手を合わせるのだ。

佐藤さんが立ち会ったうちでも悲惨なのは自殺だという。自殺の方法で一番多いのは首吊りだ。部屋で死ぬのに、首吊りは手っ取り早い。ドアの取っ手に紐を引っ掛け、輪を作って首を中に入れればあっという間に逝ってしまう。足を曲げることで、足が着くような低い場所でも簡単に死ぬことができるのだ。首吊りは自殺の方法としては、一見苦しみが少ないように感じるが、もがき苦しんだ遺体も目の当たりにしてきた。

「首吊りは、頚動脈の締まり方によっては、苦しんでいる人もいるんですよ。左右の頚動脈が、両方一気に締まればいいんだけど、片方だけ締まったりすると片方は血が流れているから、なかなか、死ねない。それは苦しいと思います。だから、首吊りで亡くなった人の顔を見ていると、顔が安らかな場合と、苦しそうな顔の2種類があるよね」

首吊りの場合、ほとんどは真下に失禁していて、下半身が濡れている。それによって自殺の場合は、すぐに判断できるという。

遺体を運び出す上で一番大変だったのが、水死体だ。隅田川に浮かんだ水死体は、何倍にも膨れ上がり、あまりの重さに引き上げるのも困難を伴う。ロープで上げようにも、死体に傷がつき、下手に触ると皮が剥げ落ち、原型がなくなることもあるらしい。

冬場の高齢者に多いのが、浴室で亡くなっているケース。浴室での死因で多いのは溺死だ。入浴中に、突然脳梗塞や心筋梗塞などになって、ガクッと意識を失う。そして、そのまま浴槽にズルズルともたれかかり、水中に沈み込む。しかし、意識は失っても呼吸は機能しているので口からガブガブと大量の水を飲み込んでしまい、そのまま溺れて、溺死してしまうのだ。お湯の張り具合にもよるが、水位が高ければ高いほど、水を飲む量も必然的に増えてしまう。

そのような浴槽で亡くなった人を引き上げる場合、まずは水を抜く。そして、両脇からベルトやロープを使って4人掛かりで引き上げることもあるという。

「子どもをおんぶするとわかるんだけど、起きているときの子どもは軽い。それは、体重の掛け方とか、相手が工夫してくれているからなんです。でも、寝ちゃったら一気に重くなる。それと一緒なんです。死体は、いわば寝ている状態なので、3人とか4人の力を掛けないと、なかなか引き上げられないんです」

そんな警察の仕事を経て、佐藤さんが考えたことがある。それは、人間は必ず死ぬという事実だ。

「浄土真宗だったたか、人間は生まれたときから死に向かっているというわけではないんですが、みんないつか死ぬわけだから、死に様をどういうふうに迎えるかというだけなんです。私も明日死ぬかわからない。だから、その日その日を大事に生きるしかない。100歳まで生きたくても、明日車が突っ込めば死ぬかもしれない。だから、自分の運命というか生命は決まっている感じがするんですよ」

自分もいつ死ぬかわからない。死と自分は隣り合わせ。あと、何年生きるのかはぼんやりと考えることはあるけれど、何歳まで生きたいという思いは自然となくなっていった。

たまたま、人生の中で警察官という職業に就いて、刑事になって人間の死と向き合ってきた。蛆が這っている遺体を目の前にして、かわいそうだとは思う。「なんでこんなふうになったのかな？」という思いはあるが、その人にとっては、それが自分でできる最後の生き方だったのかもしれない。

身内の引き取り手のない孤独死やホームレスの遺体に接したとき、佐藤さんは、最後の儀式として遺体の顔を拭いてあげる。そして、「俺が最期を看取ってあげたから安らかにね」と心の中でそっとつぶやく。これは自分にしかできない仕事という誇りがある。

そんなときに、この仕事をやってきて良かったなと佐藤さんは心から思うのだという。

【事故物件の住み心地はどうなのか？】
事故物件居住者のリアルな話

事故物件に住んでいた人の率直な住み心地はどうなのか。実際に、住んでいた人に話を聞いてみることにした。フリーターの菊池さん（仮名・35歳）はいたって普通の若者だ。深めの帽子をかぶって、大き目のTシャツにラフなパンツ。一見して、会社員とは程遠い風貌で、年齢よりもずっと若く見える。

そんな菊池さんは、先住者の自殺があった事故物件に3年間住んでいた。しかし、なんら霊的な体験に遭遇することもなく、快適そのものだったと話す。

「精神的に弱くなければ金額を優先する人には事故物件はおすすめです。貧乏人はみんな事故物件に住めばいいいんじゃないかと思いますよ。金額に対比しても、住み心地は良くて最高でした。今も事故物件に住みたいと思っていますね」

現在は結婚して子どもができたため、住んでいた単身用の事故物件は手狭になり、引っ越してしまったという菊池さん。それでも、今も都営住宅などの安い物件を探し中だ。もちろん、その中でも狙い目は格安の事故物件だという。そんな事故物件マスターとも言える菊池さんだが、事故物件の存在を知った理由はひょんなことからだった。

秋も深まる2010年の9月。当時、独身の菊池さんが求めていた条件は、中央線沿線の若者に人気の駅の物件だった。友人がこの駅周辺にたくさん住んでいることもあって、物価が他の駅に比べて安いのも決め手だった。

駅から程近くて、とにかく安い単身用の物件。予算は、家賃月5万円以内。もちろん、駅から家までは近ければ近いほどいいし、家賃は安ければ安いに越したことはない。そんな条件のもとで菊池さんは、友人と一緒に地場の不動産屋を訪ねてみた。

初めて入ったのは、管理物件を数多く持っているという、地元でも有名な不動産屋だった。しかし、やはり中央線でも人気の駅。家賃は高く、その予算だと風呂なしのオンボロアパートなどが多く、なかなかいい物件には巡り合えない。

何件か、物件を回っていたところで一緒に回っていた友人が、ふと思いついたようにこんな言葉を口走った。

「そういえば、人が死んだ物件とかって扱っていたりするんですかね？」

菊池さんは、そこで初めて事故物件の存在について思い至ることになる。

「あっ、そうか。そういう物件もあるんだ」

確か、昔友人から事故物件の話を聞いたことがあったが、都市伝説のようなものだと思っていた。もともと、霊感もないし、人の死自体、あまり気にするタイプではない。それよりも月の収入は安定しないフリーターのため、固定費である家賃の支出はできるだけ抑えたい。さらに言うと、友人などを呼んだときにこれってネタになるかも？というブラックな思いも少し頭をよぎった。

案内していた不動産屋は、一瞬顔をしかめて、言葉を濁した。表情からは、複雑な心境が読み取れる。

「……まぁ、ないこともないですけどね」

これはある！　事故物件って本当にあるんだ！　そう確信した菊池さんは、やや強引に不動産屋に詰め寄った。

「そういう物件に住みたいんです！　詳しく教えてくださいよ」

不動産屋はそんな菊池さんの勢いに押されたのか、しぶしぶという顔をして、ただし、条件があると言った。一筆書いて欲しい。何を書かされるのか、不安に思った菊池さんだが不動産屋から渡された１枚の文章には、こんな文面が並んでいた。

【今から案内する物件を見たことを口外しません。インターネットに書きません】

このご時勢とあって自殺のあった物件だと吹聴されたら大変なのか。それとも、大島てるに載るのは大家や管理会社からしたら致命的という判断なのか。菊池さんは、一度不動産屋に戻り、言われたとおりにその書類にサインをした。そうして、ようやく事故物件に案内される運びとなった。

そこは、駅に隣接した大きなアーケード商店街を抜けたところに程近いマンションだった。駅からはわずか、徒歩4分。雨の日でもアーケード街に近いため、濡れる心配もない。ベストに近い条件である。そして、家賃は4万5000円。同じ建物の物件の相場は7万5000~8万円だというから破格である。

建物自体は築15年経っているらしいが、外観は塗装が頻繁に施されていることもあり、もっと新しく見える。悪くない。ただ、部屋の前に案内されると、その右隣の部屋が、引越しの真っ最中で慌しい様子が伝わってきた。そして、左隣の部屋はというと、すでに退去していた。

「この部屋です」

不動産屋が鍵を開けて案内した部屋の第一印象はというと、とにかく「ピカピカ」。なんと床も壁紙もお風呂もピッカピカで、まるで不自然なぐらい美しくフルリフォームされた一室がそこには広がっていた。1Kで7畳の間取りは、単身で暮らすにはぴったりの広さだ。菊池さんは、今まで見てきたオンボロアパートとの落差に驚きを隠せなかった。まるで新築のようなこの部屋がたった4万5000円で借りられるなんて、と。しかも、初期費用として普通ならかかる礼金はなし、敷金のみでいいと不動産屋はいう。破格の条件だ。

　その部屋については、以前から「なんか臭い。臭う」という相談が近隣の住人からあったと不動産屋は言った。本人にも連絡がつかないので、業を煮やした管理会社が部屋をあけてみたら、死後1ヶ月経過して腐乱した遺体がそこにはあった。

　遺体の体液が下のコンクリートにまで染み込んでいたため、床を剥がして、それらを全てを削り取った。そのため、フローリングも傷ひとつない新品を導入したのだ。浴槽も総取り替えらしく、真新しかった。今まで探してきた、同じレベルの家賃の物件よりも何十倍も良い部屋がそこには広がっていた。

　部屋に入ったときに、物件の中で一箇所だけ気になったところがあった。ベランダに出るための大きな掃き出し窓のドアの錠が新品だったのだ。もしかして？　という思いが菊池さんの心をよぎる。これからこの物件に住むとなると、やはり気になるのは先住者の死因だ。好奇心もあって菊池さんは、不動産屋に聞いてみた。

「前の住人の方は、どういう亡くなり方をされたんですか？」

「首吊り自殺です。僕が第一発見者で最初に見つけたんですよ」

不動産屋は思い出すのも嫌そうな暗い顔でそう言った。

先住者は、この部屋で首を吊って亡くなっていた。不動産屋もあまり思い出したくないらしく、先住者が部屋のどの場所でどうやって亡くなったのかなどは、詳しく聞くことはできなかった。しかし、間取りは、狭い1K。部屋の中に吊れる場所自体が多いわけではない。菊池さんがどうしても気になるのは、ベランダに出る掃き出し窓であった。

菊池さんは、結局一目でその物件を気に入って即決。仮押さえすることにした。それでも、先住者の死に方はどうしても菊池さんの頭をよぎる。本当にあのドアの錠に首をくくって死んだのか？　そんな死に方が果たしてできるのだろうか。

家に帰ると、早速、〝自殺　座る〟そんな言葉で、早速インターネットで検索してみる自分がいた。そこには、足を伸ばして座って首をくくる方法が山のように紹介してあった。

座って自殺するには、ちょうど良い高さにある掃き出し窓の錠。それが、なぜだか新品に付け替えられている。菊池さんは、先住者の自殺の方法について、ほぼ確信した。この方法に違いない。ちなみに、あの有名なX　JAPANのギタリスト、hideもこの方法で自殺に近い牽引施術で誤って事故死したが、警視庁は自殺と断定している。

物件に住む決意をした菊池さんは、一般の物件と同じように、不動産屋での賃貸契約を行うことになる。賃貸借契約書に印鑑を押して、重要事項説明を受ける。説明では、家賃は4年後以降は、段階的に元の家賃に戻すかもしれない。それは了解して欲しいとのことだった。4年間でも、安い物件に住めればいいと感じた菊池さんには、それは全く問題なかった。

ちょっと変わった記載があった。説明を受けた重要事項説明の欄に、一般の賃貸契約書にはない〝○月○日に自殺発見〟、さらにその2ヵ月後に、〝お祓い済〟とあったのだ。

菊池さんは、今から住むのが事故物件であると突きつけられた気がした。

そして、ついに引越しの日がやってくる。事故物件に住んでいるということが、一番気になったのは入居した初日だった。慌しい引越しが終わり、一息ついた。そのときに「ピキッ」という天井や上の階からの音がして、思わずギクッとしたのだ。家の中か外で鳴ったのかわからない音が妙に気になって仕方ない。それでも、冷静に考えればどこの家でもあるような生活音に過ぎなかったと菊池さんは振り返る。

それから1ヶ月間は、些細なことが気になった。郵便物をマンションの入り口のポストに取りにいって、戻ったら、点けていたはずのテレビが消えている。さらに開いていたと思っていたはずの鍵が閉まっている。しかし、それも菊池さんの中ではよくあることという範疇に入った。

テレビは、隣の部屋のリモコンが反応したのかもしれないし、鍵は自分の勘違いで閉めてしまったのかもしれない。それも最初のうちだけで、長く住めば住むほど特段に事故物件ということを意識することもなくなっていった。

菊池さんの部屋は、事故物件を面白がった友人たちが遊びに来たり、泊まっていったりするようになっていった。しかし、特に何か霊的な存在を訴える人はいなかった。では、霊感が強いという友人を事故物件と知らせずに泊まらせたらどうなるだろうか？ある日、菊池さんは、ちょっとしたいたずらを思いつき、実行してみることにした。

何も言わずに、霊感が人一倍強いと自称する友人を呼ぶことにしたのだ。そして、「良い部屋でしょ？」と何食わぬ顔で探りを入れてみた。友人は、ピカピカの部屋を羨ましそうに見回しながら「うん！　良い部屋だね～！」と目を輝かせた。霊のことなど露ほども意識していないようだ。というか、まるで自宅のようにすっかりくつろいでいる。結局、霊感が強い友人は、一泊したものの、快眠のうちに大満足で帰っていった。

菊池さんは、人の霊感なんて、そんなあやふやなものなんだなーという思いを新たにした。

そんなこんなで、事故物件での生活は快適そのものだったが、ある日、菊池さんは、ひょんなことで先住者との接点が生まれることになる。

菊池さんのマンションのポストに、先住者宛の郵便物が次々と届くようになったのだ。おそらく、遺族は郵便物の転送届けをしていなかったに違いない。菊池さんは、自殺した先住者の名前を初めて知った。それは、どこにでもある、ありふれた名前の男性だった。

それを見たときに、菊池さんはこの部屋で自殺した先住者がどんな人間だったのか、気になるようになった。

溢れ出る好奇心を抑えることができずに、早速インターネットにその名前を打ち込んでみる。2010年、今のようにFacebookが全盛の時代でもないので、彼の容姿はわからなかった。

ただし、ポツリポツリと、画面上に先住者の情報が引っかかってきた。

「バンドメンバー募集　26歳、○○（名前）」

先住者は、音楽に関心のある26歳の男性で、どうやらバンドメンバーを探していたらしい。しかし、バンドメンバーはうまく見つかっていなかったようだと菊池さんは語る。

それからも、菊池さんのもとには、次々と先住者への郵便物が送られてきた。いけないと思いつつも、その中身を開封している自分がいた。20万円ほどのサラ金の督促状。さらには、レンタルビデオの延滞金が10万円以上。レンタルビデオの延滞金の督促状には、先住者が亡くなった今もなおレンタル中のＤＶＤのリストが一覧になっていた。そこに書いてあったのは、『さまぁ〜ず×さまぁ〜ず』のお笑いビデオ３本と、黒澤明の映画『生きる』であった。それらは先住者が最後に見たであろうＤＶＤだ。

「おそらくですが、きっと、彼はサラ金の督促状がきて、精神的にも追い詰められたんだろうと思いますね。彼が亡くなった時期とレンタルした日付が合致するんですよ。なので、最後はお笑いのＤＶＤと、黒澤明の『生きる』を見て亡くなったんだなと思うと、少し切なくなりましたね」

もうすでに亡くなった先住者へ送られてくる手紙――。そこに気持ち悪いとか、不快という感情が生まれるわけではない。菊池さんの中では、死んだ人は、あくまで過去の人。

ただ、事故物件に入居した初日だけは、少し気にしたので、もし霊が存在しているなら成仏してくださいと祈ったという。それだけだ。

物件に住んで最後の1年は、当時の彼女（今の奥さん）とその部屋で同棲を始めた。

菊池さんは、彼女に同棲する前からこの部屋が、事故物件であることを伝えていた。もともと、彼女も自分と同じく霊の存在は信じていない。

「それで、今まで住んでいてなんかあったの？」

「いや、特になにもないけど」

「それなら、別にいいんじゃない」

彼女も特に気にするそぶりもなく、事故物件での同棲生活が始まった。それから、しばらくして彼女の妊娠が発覚することになる。事故物件で新たな命を宿した菊池さん夫妻は、手狭になったという理由で同じ沿線の駅に引っ越した。ファミリー向けの事故物件も探したが、あまり目ぼしい物件はなかったこともあり、現在の住まいは事故物件ではない。しかし、今でも菊池さんは、ファミリー向けの事故物件を探し中だ。もちろん、それは何よりも一番は、安いからという理由だ。そして、これまでに住んだ経験から霊的な体験はなかったという確証もある。

先住者が、『生きる』を見て亡くなったであろう26歳のバンドマンの男性だったこと。そして人が自殺した部屋で、同棲したカップルの妊娠が発覚し、新たな命をつむぐということ。苦しみを抱えて亡くなった彼の情念がもしこの事故物件に残っているのだとしたら、この結末を彼はどうとらえただろうか。きっと彼にとっても歓迎すべきものだったような気がする。自殺があったがゆえに、その部屋が敬遠され、次の入居者に事故物件として忌避されることを望んでなんかいないと思うからだ。

なお、菊池さんが引っ越した後、今現在その部屋は何事もなかったかのように、次の入居者に貸し出されているという。

【事故物件の清掃で感じた霊とは？】

ハウスクリーニング業者のこわーい話

事故物件で霊の存在を否定する人がいる反面、その存在を肯定する人もいる。

賃貸アパートやマンションなど、東京都東村山市でお部屋のハウスクリーニングや厨房の清掃などを手掛けるおそうじのガイア代表の田辺陽一さん（50代）がその1人だ。

「僕、霊感が強いから、物件に入るときになんとなくわかるんですよ。ここは、以前、何かあったなぁって。ひどい話ですが、我々掃除業者は、事故物件なのにそのことを何も知らされずに掃除させられることも結構あるんです。でも、僕は知らされなくてもわかっちゃうんですよね、直感でここは事故物件だろうな……というのが」

田辺さんは大学時代から現在に至るまで、24年以上、この仕事を続けている。田辺さんは、小さい頃から人一倍霊感が強い少年で、曰く〝霊に憑かれやすい〟体質だった。憑かれると、体調が悪くなり、何日も後を引いてしまい、仕事に差し障ってしまう。

そんな体質もあって、引き受けるのは通常のハウスクリーニングや管理会社が持っている物件の清掃に限定していた。つまり、事故物件の掃除は、なるべく引き受けないようにしていたのだ。それでも、田辺さんは、本人が望んでいないにも関わらず、色んな部屋を掃除するという職業柄、度々事故物件に遭遇してきた。

「先住者が死にたくないと強く思っていて、それでも死んでしまった物件には霊が出てくる気がしますね。自殺であったり、死にたいということしか考えていない人が亡くなった物件には不思議と霊は出てこないんですよね。あの世に行きたいという思いが強かったせいか、念をあまり感じないんです。だから、人が亡くなった物件が全て気分が悪くなるかというとそういうわけではないんですよ」

田辺さんが初めて事故物件の清掃を手掛けたのは、まだ掃除業者としては駆け出しの頃だった。

「人が死んだ後の物件の掃除なんだけど、田辺ちゃん、やる〜？」

そう声を掛けてくれたのは、同業者の先輩だった。個人で請け負う掃除業は完全に歩合制で、なるべく稼動して、空いている日を埋めなければ食いっぱぐれてしまう。そのため、横のつながりが何よりも大事だ。

先輩に振られた大事な仕事。その日がたまたま空いていたということもあって、田辺さんは、なんの気なしに事故物件の掃除を引き受けることにした。当時はまだまだ、事故物件の知識も無かったという。

それは、都営住宅の孤独死物件の掃除だった。ひ孫受けで入ったこともあり、その日の日当は1万2000円。人が亡くなった物件だからといって、特別な手当てがあるわけではない。

その日は、先輩と分担して2人でその物件の掃除をすることになった。見ると、先輩は宇宙服のような格好をしている。そして、顔には防毒マスク。自分は何もそんな重装備をしていない。どうやらこれは、ただの掃除ではないらしい。人が死んだ後の物件って、そんなにマズいのだろうか。普通の掃除用具しか準備してこなかった田辺さんは嫌な予感がした。

先輩と一緒に行ったその場所は、一見普通の3LDKの古びた都営アパートだった。ところが、その部屋のドアを開けるなり、おぞましい臭いがツンと鼻をついた。生き物が腐乱したような、思わずむせ返るような強烈な臭い。それは、人生でもう二度と嗅ぎたくない臭いだと田辺さんは表現する。

「東日本大震災の後に陸前高田に行ったことがあったんです。そこにいったときに、町で嗅いだ臭いとちょっと似ていると思いましたね」

話を聞くと、亡くなったのは50代の男性とのことだった。ずっと住んでいた子どもが大きくなり、アパートを出ていき、残った男性はそこに一人で暮らしていたという。

元請けの話によると、男性の死因は病死で、玄関の土間にうつぶせで倒れていたらしい。玄関を出ようとして、そのまま倒れて亡くなってしまった。遺体が見つかったときには、すでに死後1週間が経っていた。真夏で遺体の腐乱が進行していたこともあり、遺体が運び出された後も、2週間はずっと窓を開けっぱなしにしていた。しかし、それでも部屋に漂う死臭は取れなかったという。

問題の土間は、昔ながらの灰色で、石のような材質をしていた。その上に赤黄色のスライム状の体液が世界地図のように広がっている。そして、強烈な臭いの原因はそこから発生しているということがわかった。

「石だから、体液がその中にもう染みこんじゃってたと思うんですよ。なので残っているのは明らかにゲル状のスライムみたいな物体です。なんというか、焼けた卵の白身の部分みたいなプルンとした感じですね」

それを見た途端、あれだけの重装備をしてきたのにも関わらず、先輩はキッチンを掃除すると突然言い張った。そして、後輩である自分に、事故のあった場所を掃除しろと言ったそうだ。田辺さんは、不運にも非情な先輩に土間部分の掃除を文字通り「押し付け」られた。田辺さんは理不尽さを感じながらも、しぶしぶ先住者が倒れていたという土間の掃除を開始することにした。

「僕が掃除を指示されたのは、事故があったあの土間だけなんです。まさしくその部分だけ。先輩にとって僕はある意味、捨て駒なんですよ。一応、協力会社という名目で仕事は請けているんですが、僕は彼の部下ではない。なので、結果的には僕が死んでもいいと思ってるんです。ただ、彼もあの部分の清掃はやりたくなかったんでしょうね」

遺体から流れ出た体液や血液に触れると感染症の危険がある。しかしそういったことを何も知らなかった田辺さんは、仕方なくいつもの手順で、そのスライム状の物体の掃除にかかった。固形物は、皮スキと呼ばれるヘラで、まずはかき集める。そして、まずはゲル状の物体を取り除くのだ。固形物は、あっけなくもペロンとはがれた。そして、ちり取りでかき集めてゴミとして処分した。

しかし、それだけで石に染みこんだ臭いが取れるわけではない。石の上に残った液体を布に浸して丹念に取り除いていく。そして、その上をアルコールなどの洗浄液で洗い流すという作業を行った。しかし特殊清掃のような特別な用具があるわけではない。表面上は掃除で綺麗にはなったものの、結局、一日の作業で臭いの元を全て取ることは難しかったという。

ふと部屋の中を見ると、男性の遺品と思われる自作した詩が目についた。男性はここで、ずっと詩を書き溜めていたのだろうか。

「もし家族がいなかったら、俺もいつかこんなふうになるのかなと思いましたね。なんだか切なくなりました。でも、正直、あの値段ではもう二度とやりたくないですね」

幸いなことに、感染症などにかかることはなかったが、当時を振り返ると憤りは隠せない。救いはというと、あの物件で霊の存在をあまり感じなかったことだ。人一倍霊感が強い田辺さんは、掃除をしている物件で霊の存在をピリピリと感じることがあるからだ。

田辺さんがこれまでの人生でもっとも強い霊の存在を感じたのは、日野市の老人ホームで高齢の女性が亡くなった後の部屋の掃除をしたときのことだ。

「次の入居者がもう決まっているから掃除してくださいと、施設の人に案内されたんです。施設の人は何かを察知するかのように、そそくさといなくなってしまいました」

目の前に広がるのは老人ホームにありがちな普通のワンルームだった。ドアを開けると、真ん中に無造作に置かれたベッドがある。そして、小さな本棚に、車椅子。それ以外には何もないガランとした部屋だった。キャスター付きのベッドには、取り替えられる前の布団が置いてあり、かすかに人がいた形跡を感じた。その部屋に入るなり、田辺さんを襲ったのは、先住者のあまりにも強烈な拒絶感だった。

「部屋に入った瞬間に、『出ていけ！』という強い思念を感じました。それで、『これはマズイ』と思ってすぐに一度部屋から離れたんです。『死にたくなかった』というおばあちゃんの思いが部屋中から伝わってきて、それ以上、その場にいることができないんです」

とにかくこの場から離れなければ！　そう思った田辺さんは、掃除道具を取りに帰るという口実をつけて一度車に戻って気持ちを落ち着けることにした。

そして、用具を持って改めて「お掃除で来ました。今日は、どうぞよろしくお願いします」と部屋の前で手を合わせた。すると、田辺さんの中で、霊の気配がスッと軽くなるような感覚があった。それからは通常の掃除が滞りなく進められた。窓ガラスを磨いて、サッシの汚れを取る。さらに本棚と棚の中を拭き掃除して、床もきれいに磨く。さらに床にワックスを塗って出来上がりだ。

「物件を掃除する前に、お祈りはするようにしています。人が亡くなっていると聞いているところにズケズケ入って勝手に掃除するのは、亡くなられた方に失礼にあたると思うんですよ。そこで、『お掃除させていただきます』と挨拶するんです。帰ったその日の夜は、家に入る前に、かみさんに塩をまいてもらいますね。そのまま呑みに行ったときは、酒で清めたことにしますけど」

しかし、一番不運なのは、事故物件であることを全く知らされないで掃除をさせられたケースだ。リフォーム済みの豊洲の高級マンションを掃除したときがそうだ。田辺さんは、その物件を掃除中、なぜだかわからないが体にとてつもない疲労感を覚えた。ドッと疲れが押し寄せて、止まらない。しかし、前日は休みだったはず。田辺さんに疲れの原因は全く思い当たらない。なぜ、こんなに疲れてしまうのか、理由が全くわからないが掃除は続けられた。いぶかしく思いながらも、掃除が終わりに近づいた頃、たまたま次の入居者と思われる若い女性がやってきた。

「まさにそこなのよ〜。前の人が死んでた場所が〜！」

女性は今洗浄している真っ最中の床を指差して顔をしかめてそう言った。田辺さんはそこで初めて、この部屋で過去に自殺があったことを知らされたのだ。

「私はそういうの気にしないからいいけど。そこらへんに飛び散ったのがあると思うから、そういうのだけキレイに拭いといて〜」

「はい？」（そんなの全く聞いてないぞ！）

すぐに担当者を呼び出して「どういうことか」と問いただした。しかし、担当者はうやむやな返事をするばかり。依頼した業者はおそらく自殺があった事実は知っていたはずだ。

「きっと床をひっぺ返すと体液とかがまだ残っている状態だったんでしょうね。こうやって何も知らずに業者が掃除をさせられているケースは本当に多いと思います。細菌に感染すると掃除している側も命に関わってくるので、事故物件であることはちゃんと事前に教えて欲しいんですよ」

田辺さんの怒りはもっともだ。このように事故物件とは告知されないが、絶対ここでは何かがあった。そう確信しながら、清掃することが多々あるからだ。

世田谷区の2DKのマンションを1人で清掃していたときだった。田辺さんは床にまだら状になった染みが気になっていた。「気持ち悪いな」なんとなく、そう思いながらも、いつもどおり清掃を進めていたという。すると突然声が出なくなった。なぜ声が出ないのか、全く原因がわからない。怖くなって、すぐに部屋を飛び出した。気持ちを落ち着けて恐る恐る戻ると、霊の存在は感じられず、声もいつしか、戻っていた。

田辺さんは、事故物件だけでなく、飛び降りがあった道路の清掃なども手掛けたことがある。それは、中野のマンションから女性が飛び降り、亡くなった後の道路の清掃の仕事だった。道路は警察がある程度清掃をしていたものの、まだ道路には血が残っていた。そこで、管理会社が田辺さんに血の跡を消して欲しいと依頼したというわけだ。

田辺さんは管理会社の依頼を受けて道路のコンクリートに染みこんだ血のりと思われる液体を丁寧にふき取った。そして高圧洗浄機で、道路を何度も洗浄していく。最後に、墨汁を撒いて血のりが目立たないように仕上げた。しかし、そのときは特に何かを感じることはなかった。

田辺さんは、事故物件の仕事はなるべく断るようにしていたが、今後依頼が増えてくるのではと予想している。

「今後、事故物件は増えてくると思うんですよ。自分自身は霊に憑かれやすいので、気は進まないんですが、対応はできるようにしておきたいと思っていますね。僕のお客さんでも年配の方が亡くなる時期にきているんです。そうしたときに、掃除屋に仕事が回ってくると思うんですね」

腕組みをしながらそう話す田辺さんは少し、悩んだように言葉を継いだ。

少子高齢化。その中で急増すると思われる事故物件の清掃は、避けては通れない。やりたくはないが、やらざるをえない。田辺さんの苦悩が伝わってくる。

現在、田辺さんは、後輩が立ち上げた新たな会社のプロジェクトに関わることが決定している。これは家電などのリサイクル、遺品整理、清掃を一気に引き受ける会社だ。もちろん、田辺さんが関わるのは物件の清掃の部分だ。その中で、事故物件の清掃が出てくるのも覚悟しなければならない。そのため新たな薬剤の勉強も始めている。

「そういった物件を手掛けるときは、お祈りをして入るようにしたいと思います」

田辺さんはそう言って力強くうなずいた。

【仕事で事故物件を扱うということ】

事故物件専門不動産屋の深い話

「自殺・他殺・焼身等による霊障物件はすべてご祈祷します」

そんなセンセーショナルなキャッチフレーズが並ぶブログがある。これは、横浜市の不動産会社オージャス代表、白石千寿子さんのブログだ。

さらにブログのトップ画像には、長い黒髪の女性が白装束で一心不乱に滝に打たれて修行している画像が並ぶ。真っ暗な中、炎に向かって黒い袈裟に身を包んだ女性が何かを祈っている……。

ブログを読むと、なんと、この不動産会社は事故物件を専門に取り扱っているというなんとも奇特な会社であること、そして、どうやらこの会社の代表の女性は、仕入れた事故物件を自ら祈祷していることがわかる。

一見怪しげなブログだが、白石さんとは、一体どんな人物であるのか。興味を惹かれた私はさっそく白石さんに会ってみることにした。

待ち合わせの場所に現れた白石さんは、意外にも40代後半のキュートな雰囲気の女性で、人懐っこい笑顔が魅力的だ。ブログの写真のおどろおどろしい雰囲気とのあまりのギャップに驚きを隠せず、ついついまじまじと見てしまう。それもそのはず、白石さんの副業は白衣の天使。看護師だったのだ。

祈祷する白石さん

「事故物件に関わることは、売主側の様々な苦悩に向き合うことの連続だった」と白石さんは話す。物件の決済では、売主と直に対面することになる。ある日、決済のときににこやかに対応する年配の女性と対面した。それは、彼女の息子が自殺した物件だった。

「そのお母さんは、私に向かって『あのお部屋、いいお部屋なんです。大事に使ってくださいね、息子の思い出が詰まってるんです』と言って、微笑みを浮かべながら気丈に振舞っていたんです。そこで感じたのは、この場で笑っていられるんだ、この人、強いなということ。私も2人の子の母親なので、彼女の胸の痛さが伝わってきて、切なくなりました」

また、息子が母親を殺してそのまま飛び降り自殺した物件も取り扱ったことがあるという。殺人犯であり、被害者の家族として二重の苦しみを背負って、これからの人生を生きていかなければいけない家族を思うと、白石さんは心が痛んだ。

さらに、葬儀にピッタリのお金だけを残して部屋で孤独死していた住人の物件に携わったこともある。しかし、白石さんは、部屋で亡くなること自体を悪いと思ってはいない。

「でも、できれば腐敗する前に見つかって欲しい。腐敗してしまうと、部屋がダメになる。私は不動産も〝生きている〟と思ってるんです。だから、できれば事故物件のレッテルを貼られたまま生きていて欲しくない。やり直せる機会を与えてあげようと思った。そういう意味で祈祷を始めたんです」

白石さんが関わった事故物件は、全て白石さん本人が祈祷を行っている。祈祷は、現地で行う場合と、火を扱うときは消防法との兼ね合いから遠隔で済ませる場合もある。祈祷は自己満足という認識で、仲介手数料とは別に祈祷代を取ることはない。白石さんに祈祷してもらったことで安心だという購入者もいるし、霊など全く信じないのでどうでもいいという人もいる。目に見えないものの力は説明しようがない。だから色んな考えがあっていいと白石さんは思っている。ただ、祈祷を行っているのは、自分が携わった物件で、今後何か起きないで欲しい。そして、悲しい思いをする人が増えないで欲しいという願いからだ。

「アウトレット専門の不動産の社長なのに、人に頼んで祈祷してもらうのは違うんじゃないか。自分で護摩を焚けばいいんじゃないか。そう思ったのがきっかけなんです。そこで、虎ノ門にある著名な祈祷師のもとで修行を始めることにしました。そうしたら、徐々に修行にのめりこんでいきましたね」

一時期は、自殺のあった事故物件の先住者のことに過剰に思いを馳せてしまうことがあった。どんな人が住んでいて、どんな思いをしていたんだろう。そして、どんな思いで亡くなったのか。ある日、祈祷を終えて物件から自宅に帰った夜、白石さんを猛烈な金縛りが襲った。

「あの物件の先住者が、私をからかいにきたんだ……」

白石さんはとっさにそう感じた。死者に寄り添うことが決して良いわけじゃない。大事なのは、先住者がどうやって死んだかではなくて、その人がどんな生き方をしてきたか。亡くなったときの気持ちなんて、結局のところ亡くなった本人にしかわからない。そう思い直したという。

「自殺することが必ずしも悪いわけでもないし、孤独死したから必ずしも不幸というわけではない。その人がどう納得したかは、その人のものだってことがわかったんです」

事故物件に対して、過剰に思い入れることをやめてからは、金縛りなどに遭うことはなくなった。

そんな白石さんが事故物件に携わったルーツはといえば、離婚した夫と2人で興した不動産業にあった。当時は、かつての夫とともに事故物件ではなく、欠陥のある借地や時間が経たないと利益が出ないような問題のある土地を専門に取り扱っていたという。

白石さんは、そんな普通の不動産業が手を出さないような物件や土地に携わるうちに、自然の流れとして、人の死にまつわる事故物件に関わるようになったのだ。

では、このような事故物件は、どんな流れで白石さんのもとにやってくるのだろうか。

「遺品整理業の方からだったり、相続の相談からだったりしますが、不動産同業者からの相談が一番多いです。不動産業界は縦ではなく横繋がりなので、同業の不動産業からのネットワークで事故物件が転がり込んでくることもあるんですよ。不動産相場が高い都内は別ですが、横浜などの地方都市では、病死はともかく、自殺物件は取り扱いたくないという業者さんが結構多いんですよ」

　事故物件は、事故の内容にもよるが、ざっくりと市場価格の3割で仕入れて、7割で売れればいいと言われている。かといって、4割がそのまま業者の懐に入るわけではない。当然ながら物件はそのままの状態では売れるわけではないからだ。体液などが付着している事故物件ならなおさらのこと。大きくリフォームしたり、取得税を払うなどすると、たとえ100万円で仕入れて400万円で売っても、大した儲けにはならないのが実情だ。さらに、物件が売れなかった場合のリスクも背負わなければならない。不動産業者にとって決して儲けが大きいというわけではないのだ。

「最近だと、家族間の殺人があった物件を他の業者がすごく安く買い取っていましたね。そういった物件を上手くさばけたら、もう一回事故物件を仕入れてみようかということもある。利幅はそれぞれの物件によって違うと思います。事故物件だから美味しいとは言えないですね」

　事故物件に住む上で気になるのが、同じ物件で立て続けに不幸が起こることだ。これを事故物件の「連鎖」と呼ぶ。幸いなことに白石さんのもとから、事故物件を購入した人が同じ物件で亡くなったことは一度もない。

事故物件を購入する人としては、投資家を除いては、老夫婦だったり、年配の親を抱える夫婦だったりと、様々だという。ただ永住目的で購入した人は、経済的にあまり余裕がないと感じられる人も多い。もちろん、これらの人たちの事故物件の一番の購入理由は、安いからだ。購入者には、事故物件である旨は伝えるが、今までどの部屋でどんなことが起こったか詳しく尋ねられたことは一度もないという。

「賃貸でも売買でもどちらでも同じですが、どの部屋で首吊ったんですか？　とか根掘り葉掘り聞きたがる人には一度も会ったことないですね。あえて聞きたくないんだと思います。人の心理って不思議ですよね。実際に自分が住むとなると、知りたくないんだと思う。でも聞かれれば、ドアノブに吊ったとか、角っこに紐を掛けて首吊ったりとか、私は全部伝えるつもりです」

白石さんによると、ミニ知識として、逆に事故の詳細を聞くことで「こんな事故があったんだから、もっと家賃を安くして」というふうに、不動産会社との交渉の材料にすることができるという。

さらに白石さんの会社で物件を購入した場合、買戻し特約を付けているので、仮に物件に住むのが難しくなったら、10年までは買戻ししてもらうこともできる。

事故物件に携わる上で、本来であれば業者として、シビアに利幅を考えないといけないかもしれない。しかし……という思いが白石さんの中にはある。少子高齢化を迎えるこれからの時代、いわゆる死んだ物件が益々増えていく実感を白石さんは持っている。そして、そんな社会で果たしていいのだろうかという危機感を抱いている。なんとかしなければいけない。事故物件に関わるうちに白石さんのそんな思いは日に日に強くなる一方だ。

男性が孤独死して死後半年後に発見された物件に入ったときのこと。そこは、新築のピカピカのマンションだった。しかし、その男性に届いていた郵便物は簡素なものだった。正月を挟んでいたにも関わらず、動物病院からのハガキが1枚、そして、車の販売会社からのハガキが2枚。水道局から督促状が3通。郵便物はそれだけだった。人間関係の希薄さを感じずにはいられなかった。

「不動産の仕入れ金額は病死の場合、本来は、普通の物件の1割引きぐらいなんです。だけどこの物件は、死後、半年も経っていて、中で腐っていたので臭いもすごかったんです。あの物件は、0円でもどの業者もいらないというひどい状態でした」

隣人も相当な臭気を感じていたはずだ。そして、水道局は何回も督促状を出しているというのに――。ここまで放置されて、周囲のだれも中で人が亡くなっているということに気づかなかったのだろうか。ここまで他人に興味がない社会でいいのだろうか。白石さんの自問自答はこのような事故物件に遭遇するたびに止まなくなってしまう。

「これから先、空き家とか、いわゆる死んだ物件が増えるんですよ。こういう日本社会にしたまま私たちって死んでいいのかなと思うんです。未来に希望のある社会にしていくのが、今を生きる私たちの1つの責任だと思うんですね」

やや遠くを見つめるようにして語る白石さんの思いが伝わってきて、言葉を失ってしまう。

白石さんは、今後地方の値段がつかない事故物件が増えていくだろうと予測している。現に白石さんのもとには事故物件でなくとも、北海道の原野や、軽井沢の別荘などが驚くべき低価格で売りに出ている。しかし、なかなか買い手がつかないのが現状だ。

都心に限らず、もし、地方の実家の空き家問題などで困っている場合、場所を問わず、ぜひ相談して欲しいと白石さんは言う。一般の不動産会社の営業マンは月単位でノルマがあるが、白石さんには看護師という副業があるため、利益に捕われない。そのため、焦らずじっくりと買い手を捜すことができるのだ。白石さんは、儲けというよりは限りなく人助けに近いというスタンスで仕事をしているのである。

「1人ぐらいは、儲けにならないバカなことをしている人がいる。そんな人がいたっていいじゃない？　これからも利益は少なくても事故物件に関わっていきたいですね。というか、物件が向こうからやってくる気がするんです」

真っ直ぐな目でこちらに語りかける、白石さんの姿はとても輝いているように見えた。

【事故物件はどうやって現状復帰させるのか？】
特殊清掃業者の生々しい話

ダイウン株式会社の山本直嵩さんは、関西を中心に精力的に遺品整理・特殊清掃を手掛けている。27歳という若手ながら、一般社団法人の遺品整理師認定協会が主催するセミナーで講師を務めるなど、精力的に活動している。ダイウンと書かれたブルーのジャケットに身を包んだ山本さんは、流暢な関西弁で話す物腰の柔らかな好青年。全体的に穏やかな雰囲気があり、年齢より落ちついて見えるのは職業柄なのかもしれない。

山本さんへの特殊清掃の依頼主は、遺族や、管理会社、大家などでホームページを見て電話の問合せが来ることが多いという。特殊清掃の相談が会社に入ると、まずは見積もりに1人で現場に向かう。依頼主から鍵を預かり1人で部屋に入るか、鍵を郵送などで送ってもらう。そこから見積もり金額を算定して、依頼が正式に決まれば、作業の段取りや日程などを調整していくという流れだ。

気になる価格は、ワンルームの場合で、遺品整理、特殊清掃、脱臭までの工程を含めてトータルでざっくりと20万円ぐらい。さらにリフォームまですると、35万〜50万円ほどだという。当然ながら業者によって価格設定はまちまちだ。ワンルームでも、30万円だったり、業者によっては100万円というところもあるという。

「僕は見積もりのときに、どこまでやりますか？　とお客様に意向をお聞きするようにしています。家の中の臭いを消して欲しいというお客様もいれば、リフォームして次の人が住めるような状態にして欲しいというお客様もいらっしゃいます。お客様も予算がありますので、最初に提示した金額以上に追加請求したり、押し売りすることはありません」

ダイウンの山本さん

作業中は顔に防毒マスクをつける。それは何よりも遺体の臭いを感じなくするためだ。臭いがきつい現場だと5分いただけで、強烈な臭いが服についてしまう。防毒マスクをつけると、ほぼ臭いはシャットアウトされるため、効率良く作業できるのだ。

「死臭は、すっぱいような臭いですね。正

直臭いですね。基本的に死臭ってどの方も一緒ではあるんですけど、人によって強弱があるんですよ。今日の現場は臭いが薄いなという場合もあるし、きついなという場合もある。でも基本的に遺体の臭いの系統は一緒なんです」

さらに、防護服で全身を包む。亡くなった方の遺品整理をしていると、亡くなった人が診断書などで「C型肝炎」などの感染症だと判明することもある。これらの感染症を予防するために、作業員は防護服を身に付け、分厚いゴム手袋を装着して安全面に気を配りながら、作業に臨む。まず、作業の中で対峙するのは、遺体から発生した蛆やハエの存在だ。

「部屋に入ると、軽く500匹ぐらいのハエがいることがあります。その場合は、まず殺虫剤を空気中に撒いて、ハエを殺していきます。ハエは殺虫剤を撒けば、一度はバーッと飛び上がるんですが、徐々に落ちていきます。それでも100％は死なないので、作業中に殺虫剤がかかっていない虫が飛んでいたりというのはありますね。それでも、脱臭機を回収する頃には全部落ちていますね。蛆の場合は、ホウキで掃いて集めて、ちり取りで取るんですけど、すごい量の時があるんです。それをすべてかき集めてゴミ袋に入れていきます」

1つの現場で1～5名のスタッフが動くが、ワンルームの場合は3名ぐらいだという。部屋に入ると、前述のように虫を駆除し、大きな霧吹きのような消毒剤を撒いて部屋全体を消毒していく。消毒が終わると、遺体があった布団などの汚染物をまとめて、ストレッチフィルムという巨大なサランラップのような梱包用フィルムを巻いて部屋から搬出する。

「体液が布団にたっぷり染み付いていることもあるので、布団が重たいこともあるんですよ。普通なら布団は1人で持てるけど、2人で持って運びだすこともあるんです」

部屋全体の消毒と汚染物の搬出が終わると、次に汚染箇所と呼ばれる、遺体の体液がこびりついたフローリングなどを特殊な薬剤を使用して拭き取っていく。この薬剤の成分は企業秘密とのことだったが、山本さんが薬剤の消臭効果に自信を持っていることは伝わってきた。死臭は部屋全体にこびりつき、染み付いている。そこで家財を

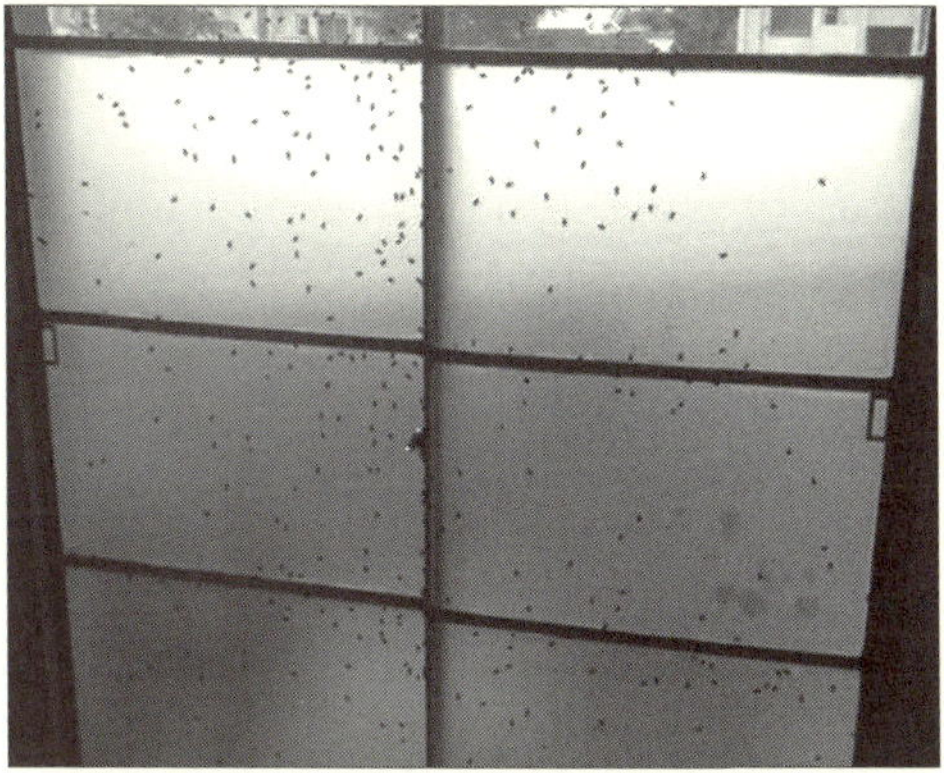

事故物件の窓にびっしりと張り付いた大量のハエ

搬出し、部屋の壁紙を全部剥がしていく。

さらに、しつこい汚染箇所の臭いを消すには、汚染箇所を徹底的に取り除かなければならない。体液がフローリングの中まで垂れている場合は、その臭いの元をつきとめ、薬剤で丁寧に汚染箇所を清掃してから、コーティング剤を塗っていく。

「フローリングだったら、木目の間に体液がこびりついて残っている場合もあります。そういうときは、それをデッキブラシやヘラ、歯ブラシを使用して取っていきます。でも、デッキブラシでこすってもこびりついて取れないこともあるんです。そんなときはヘラで取ったり、細かいすき間だったら歯ブラシで磨いたりしますね」

そしてその後、消臭剤と除菌剤を部屋全体に撒いて、最新のオゾン脱臭機を3日間稼動させる。オゾン脱臭機とは、オゾンを部屋中に出すことで、殺菌、消臭する機械のこと。特殊清掃を手掛ける業者はかなり高い割合で導入しているらしい。

また、遺品整理においては現金、印鑑、通帳、権利書、貴金属類など、貴重品を丁寧に不用品などと分別していく。依頼主の要望でハガキや写真、鍵などを取って欲しいという要望があれば、すべてきれいに拭いてから最後に依頼主に返すという流れになっている。依頼主が特殊清掃の作業に立ち会うことはほとんどないため、中には現金を盗んだり貴重品を盗んだりする悪徳業者もいるという。

「もちろん当社では貴重品が出てきた場合は、必ずお客様にお渡ししています。これまでの経験では、例えば現金70、80万円ぐらいが入った封筒が出てきたり、250万円ぐらいの残高がある通帳が出てくることがあるんです。悪徳業者の話はポツポツ聞

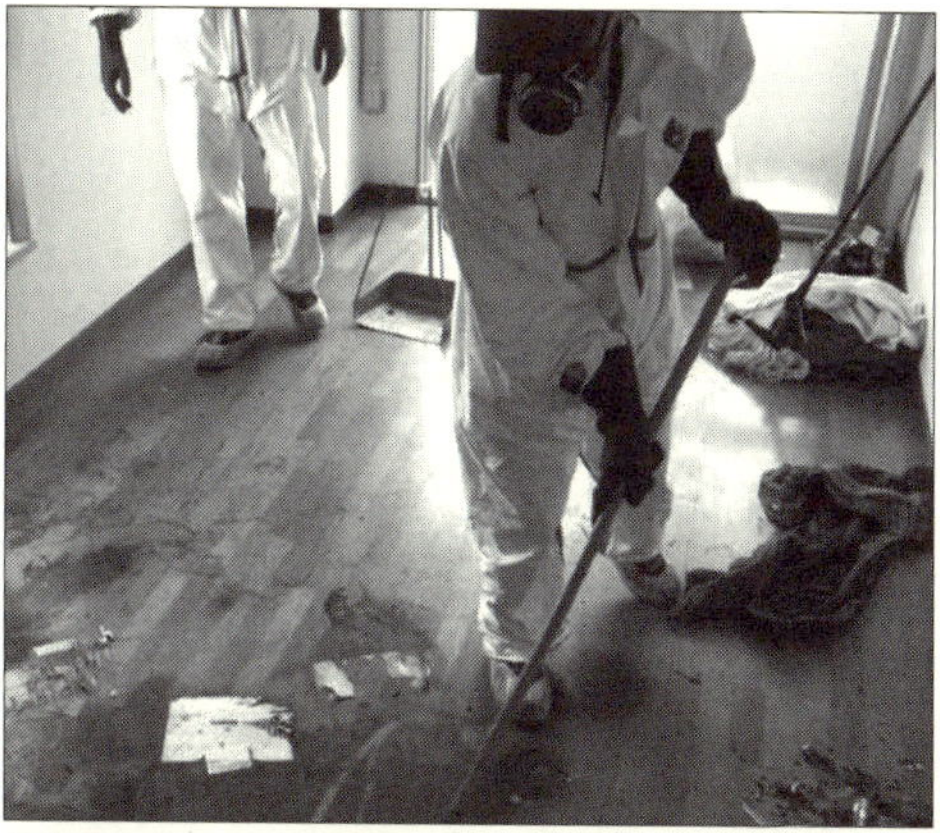

体液がこびりついた床を掃除していく

薬剤で汚染箇所を丁寧に拭う

くので、遺品整理を依頼されるときは気をつけて欲しいですね」

リフォームなしの場合は、特殊清掃の作業日が1日、そして、脱臭期間が3日の計4日間ですべての工程が終了する。

特殊清掃で一番気になるのは、死臭が本当に消えるのかという点だ。

実際に特殊清掃を業者に依頼したものの、死臭が消えずに再度、同じ部屋の依頼を受けたケースもあると山本さんは語る。山本さんによると、他の業者が断念した死臭であっても自社の工程で行なえばほぼ取れるという。

「正直、100％取れるとは言い切れませんが、当社のやり方だとお部屋の死臭はほぼ取れますね。当社に任せてもらった場合は、万が一のことがあれば責任を取らせてもらいます。死臭を取るにはオゾン脱臭機を使用するだけでもダメですし、やはり企業秘密である薬剤による部分が大きいと思っています。その薬剤は死体の脂分もスカッと取れるんです。汚染箇所の洗浄方法は、各業者によって様々なやり方があるんです」

電話の対応や見積もりを取る際の従業員の話し方、どの金額で、どこまでやってくれるのか、仕事内容を明確に説明できる業者を見極める必要があると山本さんは言う。臭いが取れなかった場合などにトラブルに発展するケースもあるからだ。

ホームページから特殊清掃を依頼する場合、会社の代表者の顔や実際の清掃風景、お客様の声などを公開している会社は比較的信用できると山本さんは指摘する。また、複数の業者に見積もりを依頼することも有効だ。

「依頼してくださる遺族の方の中には、テレビでこういう仕事は見ていたけど、まさか自分が依頼することになるとは思わなかったという方もいらっしゃいますね」

そもそも、山本さんはなぜ、特殊清掃という仕事に就いたのだろうか？

山本さんは東京の名門大学を卒業後、医薬品を取り扱う専門商社に入社した。しばらくは商社マンとして営業に携わっていたが、父親の産廃処理の会社を継ぐために退職。産廃処理の仕事に関わるうちに、そのつながりで遺品整理の仕事も手掛けるようになったという。最初は遺品整理の依頼を受けていたが、自然な流れで遺品の持ち主がいた部屋の特殊清掃の仕事がセットで次々と舞い込むようになった。名門大学とあって、大学の同級生はメガバンクや証券会社などのいわゆる花形と呼ばれる職業に就いている人が多い。たまに自分の職業について話すと、10億円積まれてもそんな仕事はやりたくないという友人もいる。

しかし、自分の職業を聞いて、嫌がる人は当然予想できることで、それは人それぞれ色々な考えがあって良いと思っている。

「ほとんどの人がやりたがらない仕事なので、それをやってることには胸を張っています。この仕事は好きでやってるので、嫌だとか大変だなという気持ちは全くないんです。例えば、他の業者に依頼して、消えなかった臭いをうちが消したことで、お客さんに喜んでいただける。人が亡くなっているので遺族の人は悲しんでいるのですが、その状況の中で求めている内容にお応えできたという誇りがあるんです」

だが、そんな山本さんでも、最初の頃は苦い体験もあった。初めて出向いた孤独死の現場は今でも忘れられないという。部屋の下見に行ったときには、すでに遺族が布団を丸めていた。

「最初は何もわからなくて、防毒マスクじゃなくて、防塵マスクを付けて現場に行ったんですよ。防塵マスクは、臭いを遮るようにはできていないので、直に死臭が鼻にきてすごい体験でした。布団を大き目のゴミ袋に入れて運び出したんですけど、体液が布団にたっぷりと染み付いていたので布団が異様に重たかったんです。こんなに重いんだと思いながら運び出したことが、つい昨日のことのように記憶に焼き付いていますね」

そこから山本さんの試行錯誤は始まった。

体液を水やお湯で洗うと、逆に臭いを広げてしまうことがわかった。では、この臭いを消すにはどうしたらいいのか？　遺品整理師認定協会のセミナーに参加したり、同業者の横の繋がりを作っていくことで少しずつ知識を増やしていった。しかし、肝心の死臭の取り方や使用している薬剤の配合や成分は、同業者も決して明かそうとはしてくれない。誰かが教えてくれるわけではない中で独学で試行錯誤する日々が続いた。山本さんは現場で様々な薬剤を試してみることで、自分の清掃のやり方に改良を加えていく。

「消臭剤と脱臭機を組み合わせて清掃したらどうだろうかとか、色々チャレンジしてみましたね。でも、消臭剤と消毒剤だけを使用して臭いが消えるかといったら、やはりこれでも難しい。他に何か方法がないかなと考えていました。そしたら、『これ、効果あるんちゃうか！』という薬剤を思いついたんですよ。それを実際に使ってみたらやりやすいし、死体の脂分もスカッと取れたんです」

山本さんが受ける仕事のほとんどは孤独死の現場で、その多くが50代から70代の男性の一人暮らしだという。それぞれの遺族に事情は聞かないので、家族関係の詳細はわからないが、依頼してくるのは遺族の場合は、娘や息子、妹などの亡くなった人の親族だ。離婚して母親側に付いてから父親とは10年以上音信不通で、孤独死が発覚するまで会っていなかったという人もいる。

依頼を受ける物件は、2万円から3万円の安いワンルームの賃貸住宅に住んでいるケースがほとんどだ。部屋の傾向としては、モノがほとんどないか、ゴミ屋敷のように部屋が汚いかのどちらかに偏っているという。テーブルの上に大量の薬が置いてあることなどから、病死だと一目でわかるケースもある。

亡くなる場所は、ベッドや布団の上、あるいはフローリングや浴室、トイレ、さらにはベランダなど様々だ。遺品整理をしていると、故人の人柄が見えてくる。

「半紙や筆で書かれたものがたくさん見つかり、書道の先生だったんだなとか、この人は几帳面だったんだなーとか感じることがありますね。この人はレシートを細かく残していて、お金にきっちりしてる方だったんだなとか」

40代以下の場合、死因は孤独死ではなく自殺の方が増えてくる。首吊りの場合、マンションの扉の上部にある金具に紐を吊ったり、ロフトの金具に紐をくくったりする。練炭自殺の場合だと、浴室の換気口に目張りして密閉した状態にするなど、その方法は物件の間取りや構造なども影響するため多種多様だという。

遺体の腐敗は、夏場は進行が早く、3日ほどで体液が出てくる。そのため、特殊清掃業者にとって、繁忙期は夏場になる。3台ある脱臭機が毎日休み無く稼動することもあるぐらいだ。しかし、作業中は気温が高いので熱中症の危険と隣り合わせだという。

「防護服は、体内に熱がこもるんです。だから熱中症には気を付けていますね。エアコンを点けながら作業するわけではないので、スタッフにも休憩は多めに取らせて、水分補給をしてもらうようにしています。いつも以上にスタッフには気を遣いますね」

作業が大変なのは、遺体の腐敗が進んだ物件だ。

死体の発見は遅れれば遅れるほど腐敗液がフローリングの床下などに浸透していく。それに比例して、死臭も部屋中に染み付いていく。そのため、遺体を発見した場合、いかにすぐに対応できるかが鍵になるという。例えば畳の場合、発見が早ければ畳を取り替えるだけで済む場合もあるが、畳と畳の繋ぎ目にまで体液が浸透すると作業内容も複雑になり、それだけ除去に要する時間や費用もかさんでしまうのだ。

孤独死の場合、特殊清掃の費用を遺族が持つケースが多いが、中には長年連絡を取っていなかったために費用を持ちたくないという遺族もいる。そのため、特殊清掃の費用を巡って大家や管理会社と揉めることも多く、相続放棄されたり、入居者に身寄りがなかった場合は、大家が費用を持つケースもある。

万が一部屋で亡くなった場合、すぐに見つかっていたら特殊清掃になることはないと山本さんは話す。そのため、なるべく親類とは密に連絡を取り合って欲しいという。

山本さん自身は、現在交際している女性との結婚が決まっていて、春先には入籍するとのことだ。特殊清掃を通じて、山本さんは家族の絆の大切さを感じている。

「自分もいつまでも独り身だと孤独死してしまうかも？　というのは考えていました。色んなお部屋の清掃に携わっていて感じるのは、独身だと孤独死する可能性が高いという事実です。でも、結婚するだけではなく、仲のよい家庭を築いていくことこそが大事だと思います」

そんな山本さんの言葉には、凄惨な現場を経験したからこそ得られた、人生にとってかけがえのないものへの確信が込められていた。

あとがき

事故物件――。《不動産用語》販売・賃貸を予定するマンション・アパートの部屋や、土地、家屋などの物件で、以前、自殺や殺人などの死亡事故があったもの。心理的瑕疵《かし》物件。

インターネットのデジタル大辞泉で「事故物件」と入力すると、そんな言葉が出てくる。日本最大にして有一無二の事故物件公示サイト、大島てるにはそれらの事故物件がデータベース化され、日本各地におどろおどろしい炎マークとして現れる。事故があった物件の住所を知っていれば、誰でも投稿することができるので、その炎マークは今この瞬間も増え続けている。

本書では、そのような事故物件公示のサイトの運営者である大島てる氏を案内人に迎えて、事故物件に関係する不動産関係者などを取材することで、数ある炎マークの1つである事故物件の中身にクローズアップした。

サイト上ではグーグルマップの点としてしか存在しない炎マークから、実際に触って関係者に直に話を聞くことができる現実社会の事故物件にダイブしてみたら一体何が見えるのか。私はそれが知りたかった。実際の事故物件に足を踏み入れ、そこで今もなお実際に生活する人や、清掃に携わった人の生の声を拾い集める作業は、これまで私が体験したことのない世界を垣間見せてくれた。例えば、いわゆる死臭と呼ばれる、人が亡くなったときに部屋にまとわりつく臭い。これは、事故物件の現場に行かなければわからない強烈なトラウマとなった。

さらには、自殺や孤独死など死因に関わらず、部屋の中で最期を迎えた一人ひとりの人生、かけがえない生の断片にも触れることにもなった。そして、取材を通して物件で亡くなった方だけでなく、遺族や関係者など、本人を取り巻く複雑な思いや葛藤も伝わってきた。

内閣府によると、自殺の場所に選ばれるのは自宅がもっとも多いらしい。しかも、手段としては男女ともに首吊りがもっとも多いと発表している。つまり、これは自殺の場合、家で首を吊るというケースがかなりの割合を占めるという事実を指している。そして、わが国における自殺死亡率は、先進国の中でも高い水準となっている。

また、加速する少子高齢社会の時代、今後もますます独居老人の孤独死は増えていくと予想される。それらは、私たちの社会に雪崩を打って襲いかかっている最中である。これらの事象に伴って、自殺や孤独死などの事故物件も必然的に増加していくだろう。

それはもはや避けられないと感じている。このような自殺や孤独死による事故物件がどのような道をたどるのか。本書はそれらの行く末にもスポットを当てた内容となっている。

「家で死ぬことは決して悪いことじゃないと思ってるんです」

本書で取材にご協力いただいた管理会社代表の言葉は印象的だ。本来ならば、事故物件を良くは思わないであろう立場である。にもかかわらず、蛆やゴキブリと格闘しながらも、家で亡くなることは自然なことだと語った。

しかし、その一方で、人が亡くなった過去を持つ場所が「事故物件」とレッテルを貼られ、敬遠されるというのもまた事実である。

事故物件について考えるということは、結局のところ、自殺や孤独死が蔓延するこの日本社会の未来とどう向き合うかということでもある。私にとって、事故物件の取材は自らの死生観やライフプランについても重い課題を突き付けるものとなった。

事故物件というキーワードから何が見えてくるのか？　この本が皆さんにとって自分の人生やこれからの社会のあるべき姿を考えるための一助になればと思ってやまない。

２０１６年３月　菅野久美子

取材協力

大島てる　http://www.oshimaland.co.jp/
おそうじのガイア代表
田辺陽一　https://www.facebook.com/Youichi.Tanabe0041/
遺品整理・特殊清掃　ダイウン　http://daiun-mtbr.com/
オージャスのアウトレット不動産　http://outlet-estate.net/
20代サラリーマン大家の会　http://20sok.com/

その他、匿名で取材にご協力いただきました皆様に心より感謝申し上げます。

著者紹介
菅野久美子（かんの・くみこ）
1982年、宮崎県生まれ。
大阪芸術大学芸術学部映像学科卒。今は無きアダルト系出版社・司書房で人妻雑誌やＳＭ雑誌の編集者を経て、2005年よりフリーライターに。
現在は、web媒体のアングライベント取材や、ホラー映画イベントのプロデュース・司会を行うなど精力的に活動中。
著書に「アダルト業界のすごいひと」「エッチな現場を覗いてきました！」（彩図社刊）がある。

E-mail：v01041@gmail.com

大島てるが案内人
事故物件めぐりをしてきました

平成28年4月5日　第1刷

著　者　菅野久美子

発行人　山田有司

発行所　株式会社　彩図社《さいずしゃ》

〒170-0005　東京都豊島区南大塚3-24-4 ＭＴビル
TEL:03-5985-8213
FAX:03-5985-8224

印刷所　新灯印刷株式会社

URL：http://www.saiz.co.jp
Twitter：https://twitter.com/saiz_sha

 ISBN978-4-8013-0140-5 C0136